L'impact du règlement sur la protection des données (RGPD) en Afrique

Collection « Études africaines »

dirigée par Denis Pryen et son équipe

Forte de plus de mille titres publiés à ce jour, la collection « Études africaines » fait peau neuve. Elle présentera toujours les essais généraux qui ont fait son succès, mais se déclinera désormais également par séries thématiques : droit, économie, politique, sociologie, etc.

Dernières parutions

NIAMKEY-KOFFI, *Philosophie, culture et développement. De l'esthétique nègre à l'impensé philosophique des langues*, 2021.
Amadou Lamine NDIAYE, *Julius Nyerere et l'édification d'une nation africaine. Ujamaa : panafricanisme et socialisme*, 2021
César MAWANZI NDOMBE, *Jean-Marc Ela. L'humanisme de la raison critique au coeur d'une pensée politique*, 2021.
Moustapha SOUMAHORO (dir.), *Agriculture, pêche et développement local en Afrique subsaharienne*, 2021.
Simon NGONO, *Médias audiovisuels et tolérance administrative au Cameroun. Enjeux communicationnels et logique d'acteur*, 2021.
Phidias AHADI SENGE MILEMBA, *Mouvements citoyens africains. Creuset de l'éveil civique et briseurs de l'ordre néolibéral ?*, 2021.
Jean-Michel TCHITEMBO, *Communication traditionnelle et moderne pour un objectif commun, L'exemple du peuple vili au Congo-Brazzaville*, 2021
Alain Georges BESSALA, *Sécurité d'approvisionnement et énergies renouvelables en droit camerounais. Recherches sur les mécanismes de diversification du parc énergétique*, 2021.
Mamadou Diarafa DIALLO, *État et territoire(s) au Sahel. Entre contrôle, compétition et coopération : le cas du Mali*, 2021.
Abdourahamane Oumarou LY, *L'accès à la justice au Niger, L'autoreprésentation devant les juridictions,* 2021.
Diensia Oris-Armel BONHOULOU, *La succession du président Félix Houphouët-Boigny et la crise ivoirienne*, 2021.

Pape Fodé DRAMÉ et Rokhaya SARR

L'IMPACT DU REGLEMENT SUR LA PROTECTION DES DONNEES (RGPD) EN AFRIQUE

Avant-propos d'Abdoulaye Sakho

Préface de Fréderic Forster

L'Harmattan

5-7, rue de l'École-Polytechnique ; 75005 Paris

http://www.editions-harmattan.fr

ISBN : 978-2-343-23833-3

EAN : 9782343238333

Sommaire

Liste des abréviations

AFAPDP	Association Francophone des Autorités de Protection des Données Personnelles
APD	Autorité de protection des données personnelles
ART	Article
CA	Chiffre d'affaires
CDE	Convention 108
CDP	Commission des données personnelles du Sénégal
CEDEAO	Communauté économique des États de l'Afrique de l'Ouest
CEPD	Comité européen de la protection des données (EDPB)
CJUE	Cour de Justice de l'Union Européenne
CNIL	Commission nationale de l'informatique et des libertés
Cour de Cass.	Cour de Cassation
DCP	Données à caractère personnel

DELIB	Délibération
DH	Dirham (monnaie marocaine)
DIR	Directive
FCFA	Francs CFA (monnaie zone UMOA)
G29	Groupe de travail article 29 sur la protection des données
GAFAM	Acronyme formé par la lettre initiale des quatre entreprises Google, Apple, Facebook, Amazon et Microsoft
IP	Internet Protocol
ISO	International Organization for Standardization
PDP	Protection des données personnelles
PME	Petites et Moyennes Entreprises
REG	Règlement
RGPD	Règlement européen du Parlement et du Conseil n° 2016/679 du 27 avril 2016 relatif à la protection des données à caractère personnel
TGI	Tribunal de Grande Instance

TIC	Technologies de l'information et de la communication
TRHCD	Tribunal Régional Hors Classe de Dakar
RT	Responsable de traitement

Avant-Propos

Lorsqu'en 2014, nous écrivions un article intitulé « Libertés et contraintes dans la réglementation du marché des télécommunications en Afrique de l'Ouest : L'exemple du marché sénégalais », nous anticipions déjà la nécessité d'une prise en charge par le droit de toutes les innovations technologiques autour des télécommunications. On ne se doutait pas de la fulgurance de l'installation du numérique. En moins de 10 ans, on constate que dans un tel contexte de numérisation tous azimuts, les constructions juridiques et institutionnelles qu'il faut rénover pour hâter le déploiement de l'économie numérique sont massives et complexes. Oui, le numérique n'est pas un secteur d'activité, c'est la forme d'expression de l'économie contemporaine. Il donne naissance à de nouvelles manières de produire et de consommer qui gagnent tous les secteurs. Des médias à l'automobile en passant par les finances ou la santé, c'est toute l'économie qui devient numérique. Ce contexte, avec les nouveaux modèles d'affaires et les besoins inédits exprimés par les consommateurs, change la donne en ce qui concerne les contrôles opérés sur/dans les entreprises. Un suivi régulier et systématique des données issues des activités économiques est devenu crucial pour des raisons de protection de l'humanité. L'exploitation des données personnelles est centrale puisque devenue « l'or du 21^{éme} siècle ».

L'objectif affiché de la réforme européenne dite RGPD étant de réguler les entreprises qui traitent, stockent et collectent des données à caractère personnel quel que soit leur localisation géographique, qu'elles soient dans une situation de sous-traitants ou de responsables directs de traitement. C'est à l'occasion de recherches universitaires, notamment une thèse de doctorat sur l'impact de cette règlementation sur la pratique des entreprises établies au Sénégal (soutenue en 2019 par un des auteurs) que l'on trouve les analyses du RGPD et de ses répercussions extraterritoriales tout comme des éléments de réponse et solutions de conformité pour les entreprises africaines.

Ce livre donne l'occasion de confirmer sur notre vision : l'Afrique ne doit pas être en marge. Rappelons que la Convention de Malabo du 27 juin 2014 sur la cyber sécurité et la protection des données à caractère personnel en tant qu'instrument juridique continental poursuit son processus d'intégration bien qu'elle mérite davantage d'être actualisée. Au niveau de la CEDEAO concernant l'acte additionnel A/SA.1/01/10 de 2010 relatif à la protection des données à caractère personnel, des négociations sont nécessaires dans un souci d'harmonisation et d'actualisation des différentes lois nationales en matière de protection des données. Pour la société civile « numérique » et les autorités de régulation, il est capital de démontrer aux acteurs l'utilité de la protection des données et comment la concilier avec l'économie numérique pour avoir une gestion optimale des traitements de données à caractère personnel dans le respect de la vie privée et de la confidentialité des citoyens.

Il est vrai que dans un pays comme le nôtre, tout n'est pas encore numérique. Pour cette raison, le concept de transition numérique parait plus approprié pour traduire la réalité actuelle. Malgré tout, ce Vade-mecum mérite d'être lu par les décideurs, les professionnels du droit, les managers d'entreprise et les étudiants qui veulent appréhender les enjeux liés aux données personnelles en Afrique.

Professeur Abdoulaye Sakho
EDGE/CRES/UCAD

Préface

Aujourd'hui, l'économie numérique, facteur de croissance et de compétitivité, repose en grande partie sur la collecte et l'exploitation des données, dont un grand nombre d'entre elles sont des données à caractère personnel.

C'est cette collecte massive de données à caractère personnel qui est souvent présentée comme étant la contrepartie de la gratuité des services sur internet, le « produit » étant la personne qui communique ses données aux différents acteurs de l'internet.

L'enjeu pour les entreprises quel que soit leur localisation géographique, est de s'assurer de la conformité permanente de leurs traitements aux exigences légales et aux bonnes pratiques dans un contexte d'évolutions technologiques et économiques assurément rapides.

Une gestion des données à caractère personnel conforme aux principes légaux posés en matière de protection de ces données est dès lors un impératif tant dans leur fonctionnement interne que dans leurs relations externes. C'est ainsi que le RGPD impose de mettre en œuvre une série de mesures techniques, juridiques et organisationnelles permettant de garantir l'existence de règles de gouvernance, tant internes qu'externes, de ces données personnelles. Le respect de ces mesures tend, d'ailleurs, à devenir un indicateur de confiance pour les personnes concernées, mais constitue aussi un défi considérable pour la transition numérique des entreprises.

Le RGPD est d'application extra territoriale puisqu'il impose aux responsables de traitement de données et aux sous-traitants établis hors de l'UE de respecter les obligations en matière de protection des données européennes lorsqu'ils traitent les données de personnes physiques présentes, ne serait-ce qu'un instant de raison, sur le territoire de l'Union européenne et que les traitements concernés sont ceux visés par l'article 3 dudit règlement.

En conséquence, loin d'être un texte européen, fait pour protéger les citoyens européens pour des traitements de données à caractère personnel réalisés sur le territoire européen, le RGPD peut donc parfaitement s'appliquer à des entreprises africaines, pour des traitements de données à caractère personnel mis en œuvre en Afrique et concernant des ressortissants du continent africain lorsqu'ils se trouvent sur le territoire européen, posant ainsi la question de la coexistence et, parfois, du conflit qui peut exister entre des règles légales nationales, d'une part, et les règles du RGPD, d'autre part.

Les auteurs ont par ailleurs raison d'aborder la gestion des données transfrontalières auxquelles certaines entreprises (africaines) peuvent être confrontées dans la pratique. Un chapitre est d'ailleurs consacré à la conformité des transmissions des données vers des pays tiers ou à des organisations internationales au moyen d'exemples clairs et précis.

On le voit, il est donc extrêmement important de comprendre les règles du RGPD avant de les mettre en œuvre et ce Vadémécum offre une bonne prise en charge de la question de cette règlementation qui pose les jalons d'un véritable droit transnational, et peut être même international, de la protection des données. Il nous semble donc primordial que les pays africains mettent en place des cadres unifiés, contraignants et compatibles avec le RGPD pour être au niveau des standards internationaux en matière de protection des données personnelles. Ce qui peut n'être qu'un gage de confiance et même de compétitivité pour les relations euro-africaines.

Bonne lecture !

Maître Frédéric Forster, Avocat à la Cour d'appel de Paris, dirige le pôle Télécoms du cabinet Lexing Alain Bensoussan Avocats.

Introduction

La donnée est l'élément principal exploité à l'ère du numérique dans lequel nous vivons. Le numérique n'est plus simplement un secteur, tout est numérique. Que l'on soit élève, étudiant, salarié ou retraité, pour le travail comme pour les loisirs, il devient difficile d'échapper au numérique, à l'utilisation des ordinateurs reliés à internet, des téléphones portables, des cartes bancaires et autres objets connectés. Comme le constate à juste titre le professeur Abdoulaye Sakho[1] : « *Il n'y a pas de secteur du numérique, c'est la forme d'expression de l'économie contemporaine. Tout devient numérique dans la société actuelle, il est dans le transport, l'énergie, les banques* ». Dans un tel contexte, le dénominateur commun de toutes ces évolutions est la donnée, source de richesse, source d'exploitations diverses et variées et donc objet de toutes les convoitises [2]aussi bien du côté des entreprises que du pouvoir régalien.

Selon le Digital Report 2019 de We Are social et Hootsuite[3], l'Afrique compte plus de 473 millions utilisateurs d'internet pour 216 millions d'utilisateurs de comptes réseaux sociaux.

L'essor du développement de l'intelligence artificielle et des objets connectés confirme ce constat, à raison de l'omniprésence des données personnelles dans les applications et systèmes d'information. L'évolution de ces

---

[1] Sakho (A.), « article publié *Sud Quotidien », le* 7 juin 2017, http://www.osiris.sn/Abdoulaye-Sakho-Professeur-agrege.html.
[2]Quemener (M.), « Le droit face à la disruption numérique », éditions Gualino, 2018, p.21
[3] https://wearesocial.com/global-digital-report-2019

technologies a profondément modifié le contexte de collecte et de partage des données personnelles.

Si les services numériques sont gratuits en apparence, c'est parce qu'ils reposent en partie sur des modèles économiques arrimés à l'exploitation des données personnelles des utilisateurs.

La collecte et le traitement des données à caractère personnel sont donc les enjeux majeurs pour les responsables d'entreprises, d'administrations ou d'associations. Il peut s'agir des données personnelles de leurs employés, de leurs clients, de leurs usagers ou de leurs membres.

Les données à caractère personnel sont donc omniprésentes et leur usage doit être encadré de façon à concilier le développement du potentiel indéniable qu'elles représentent avec le respect des droits individuels dans les formes prescrites par la loi.

L'exploitation de ces données personnelles permet d'optimiser les besoins des individus tout en leur proposant des services personnalisés et adaptés.

Ainsi, les GAFAM que sont Google, Amazon, Facebook, Apple et Microsoft ne sont gratuits pour leurs utilisateurs que parce qu'ils monétisent leurs données personnelles. Également, les grandes entreprises internationales, les opérateurs de télécoms, les sites marchands à l'instar de Baidu, Alibaba, Huawei ont pénétré le marché africain des services numériques tout en poursuivant la même logique.

Il existe tout un écosystème basé sur la collecte et l'utilisation des données personnelles des utilisateurs, sans prise de conscience réelle des enjeux de la part de ces derniers. L'importance économique croissante des données personnelles ne doit pas conduire pour autant les entreprises à une exploitation de celles-ci de manière illimitée et non encadrée. Le numérique présente donc un certain nombre de défis que tous les acteurs de l'écosystème doivent opportunément prendre en compte, notamment la dimension juridique nécessaire pour un développement respectueux des libertés individuelles.

Pour rappel, en Europe dès 1978, le législateur français a posé des limites par le biais de sa loi *« Informatique et Libertés »* (dite LIL) instituant une autorité de régulation indépendante, la Commission Nationale de l'Informatique et des Libertés. Initialement, celle-ci visait à protéger les droits des citoyens face aux fichiers de l'administration. Au fil des temps, la CNIL tout en restant la gardienne des libertés publiques face à l'informatisation croissante de la société, est devenue une véritable autorité de régulation des données personnelles. Entre autres, elle est investie d'une mission d'information générale pour le public sur la nature de leurs obligations vis-à-vis de la loi, elle peut contrôler la légalité des fichiers de données personnelles détenus par toute organisation. Au titre de son pouvoir de contrôle a *posteriori*, elle peut instruire des plaintes déposées par les personnes physiques, diligenter des perquisitions dans les locaux à usage professionnel des responsables des données et des constats en ligne. En cas de manquements à la loi, elle peut prononcer des sanctions administratives à l'égard des responsables de traitement et sous-traitants.

La loi de 1978 a ensuite été modifiée par la loi n°2004-801 du 6 août 2004 transposant la directive 95/46/CE du 24 octobre 1995, qui s'est assigné comme double objectif de protéger les libertés et droits fondamentaux des personnes, mais également de permettre la libre circulation des données personnelles dans le cadre de la réalisation du marché intérieur.

À cet égard, ce texte communautaire confère aux États membres un corpus de principes communs en matière de protection des données.

La directive par essence implique une transposition au sein des États membres entrainant des disparités d'application et donc une fragmentation des législations relatives à la protection des données à caractère personnelles en Europe.

C'est dans ce contexte que la Commission européenne a proposé, dès 2009, de réformer le régime de la protection des données, aboutissant à une première proposition de règlement en 2012, puis à l'adoption de sa version finale le 27 avril 2016.

Le Règlement Général sur la Protection des Données à caractère personnel (dit RGPD) ainsi adopté est un texte d'application directe, aucune loi de transposition n'étant en principe nécessaire pour qu'il soit applicable. Il offre néanmoins la possibilité aux États membres d'adopter des mesures nationales particulières, faisant ainsi ressurgir le spectre de l'hétérogénéité des législations locales.

Le RGPD vise également à accroître la protection de la vie privée des individus, tout en mettant à jour la réglementation afin de mieux répondre aux défis induits par internet, les médias et réseaux sociaux, les grosses masses de données traitées à des fins de marketing telles Big Data ou encore les données comportementales à l'instar du profilage. Dans un contexte ultra compétitif, l'utilisation de ces nouveaux outils d'analyse de données, en l'occurrence les données personnelles, est une tendance très marquée. Toutefois, cela implique pour les professionnels de devoir respecter certaines dispositions de la loi, en particulier le principe de minimisation des données.

En Afrique, le Cap-Vert[4] a été le premier État africain à adopter une législation sur la protection des données en 2001, suivie en 2003 par les Seychelles[5] et dans la foulée le Burkina Faso[6]. Depuis lors et jusqu'en fin 2019, 18 autres pays ont adopté des lois sur la protection des données.

Au Sénégal, le législateur s'est doté de sa première loi relative à la protection des données à caractère personnel en 2008[7], afin de protéger ce qui relève de la vie privée des individus face à la prolifération des technologies de l'information et des communications.

Ainsi, le dispositif légal de la protection des données personnelles au bénéfice des citoyens sénégalais a été renforcé par l'adoption de textes supranationaux, à l'instar de l'Acte additionnel de la CEDEAO du 16 février 2010 relatif à la protection des données à caractère personnel. Il s'agit d'un texte d'application directe dans tous les États membres.

Au niveau continental, sous l'égide de l'Union africaine, la Convention de Malabo du 27 juin 2014 sur la cyber sécurité et la protection des données à caractère personnel, a été adoptée. Depuis, plusieurs pays africains ont adopté des

---

[4] https://www.cnpd.cv/legislacao.html

[5] https://seylii.org/sc/legislation/

[6] Loi n° 010-2004/An du 20 avril 2004 portant protection des données à caractère personnel www.cil.bf

[7] Loi n° 2008-12 du 25 janvier 2008 portant sur la protection des données à caractère personnel a par ailleurs instituée la Commission de Protection des Données Personnelles (CDP) en tant qu'une Autorité Administrative Indépendante (AAI)www.cdp.sn

législations souvent proches de la loi Informatique et Libertés. On peut notamment citer le Gabon, le Mali, le Ghana, la Mauritanie, le Togo ou encore la Côte d'Ivoire, etc.

À l'ère de la digitalisation où s'opère la transition numérique, la prise en compte de certaines dispositions du RGPD est un enjeu primordial dans la pratique de la conformité qui consiste en un ensemble d'actions visant à rendre les traitements de données à caractère personnel respectueux de la législation applicable.

La gestion des données à caractère personnel est dès lors un impératif que les entreprises doivent intégrer tant dans leur fonctionnement interne que dans leurs relations externes. Il est donc nécessaire pour toute organisation voulant offrir un niveau de protection des données suffisant, de démontrer des garanties suffisantes pour prester avec des entreprises européennes ou même internationales.

Le renforcement des obligations des entreprises responsables de traitement des données, la création de nouveaux droits pour les personnes physiques tout comme la vocation extraterritoriale du RGPD nous conduisent légitimement à s'interroger sur les répercussions du RGPD sur la pratique des entreprises utilisatrices de données personnelles situées hors de l'Union européenne.

Quels sont les enjeux pour les entreprises africaines, au-delà du strict respect de leur législation nationale, à se conformer aux grands principes du RGPD ? Comment déployer le pilotage de la conformité à l'aune des nouveaux droits sur les données personnelles et des répercussions extraterritoriales ?

L'objectif de cet ouvrage est d'analyser les principales dispositions du RGPD ayant un impact sur la pratique des entreprises africaines, mais également de proposer des solutions opérationnelles afin de répondre à ces nouvelles exigences.

L'annonce du plan de l'ouvrage

Plus de 40 ans après la première loi sur la protection des données, le droit européen continue de démontrer son influence en fixant le cadre général de la protection des données dans le monde (Chapitre I). Applicable depuis 2018, le règlement européen en matière de protection des données personnelles (RGPD ou GDPR en anglais), nouvelle réglementation européenne modifiant la manière dont les organisations doivent gérer les données personnelles, met en branle un dispositif de conformité inédit avec l'introduction de nouveaux concepts qui se concrétisent par le déploiement d'outils de conformité (Chapitre II et III), confirmant ainsi l'extra-territorialisation du droit européen et des pratiques européennes en matière de protection des données. Seront donc examinées les diverses répercussions du règlement pour les entreprises africaines dans la gestion des flux de données transfrontalières (Chapitre IV).

Chapitre I :

Le cadre général de la protection des données

Les nouvelles règles applicables en matière de protection des données à caractère personnel ont consolidé les grands principes de la protection des données (Section 1), mettant ainsi à la charge des entreprises des obligations générales renforcées (Section 2) dont la plupart sont déjà prévues dans les dispositifs régionaux en Afrique (Section 3).

Section 1 : Les grands principes gouvernant la protection des données à caractère personnel

Pour mieux cerner les notions utilisées dans la présente étude, quelques précisions s'imposent concernant notamment la notion de donnée à caractère personnel (1). Ainsi, dès lors que l'on collecte des données personnelles, un certain nombre de règles de protection de la vie privée sont à respecter (2).

1. L'identification de la donnée à caractère personnel

La Donnée à caractère personnel correspond à « *toute information relative à une personne physique identifiée ou qui peut être identifiée, directement ou indirectement, par référence à un numéro d'identification ou à un ou plusieurs éléments qui lui sont propres.*

Pour déterminer si une personne est identifiable, il convient de considérer l'ensemble des moyens en vue de permettre son identification dont dispose ou auxquels peut avoir accès le responsable du traitement ou toute autre personne ».

Ainsi, une donnée, même sans être directement identifiante comme le nom ou le prénom, peut néanmoins être indirectement identifiante (ex : une photo), et relever de ce fait de la loi sur la protection des données, doit en conséquence être traitée en respectant les principes et obligations issus de cette loi.

Parmi les données à caractère personnel figurent également les catégories particulières de données ou données dites sensibles. Il s'agit des données ayant trait à l'origine raciale ou ethnique, aux opinions politiques, aux convictions religieuses, à l'appartenance syndicale, aux données génétiques, aux données biométriques, aux données de santé, à la vie sexuelle et à l'orientation sexuelle pour lesquelles la collecte est soumise à des conditions plus exigeantes.

Les données à caractère personnel recouvrent également les données dites « comportementales » selon les termes du docteur Mouhamadou Lo[8].

Celles-ci comportent des identifications ou laissent des traces numériques au point qu'il est possible, au moyen de recoupements, de remonter à la personne qui les utilise. Cela renvoie à toutes les données collectées indirectement sur Internet, les *logs* de connexion, l'adresse MAC ou encore les données géolocalisées.

---

[8]Dr Lo, (M.), « La protection des données à caractère personnel en Afrique », Baoléditions,2017, p.4.

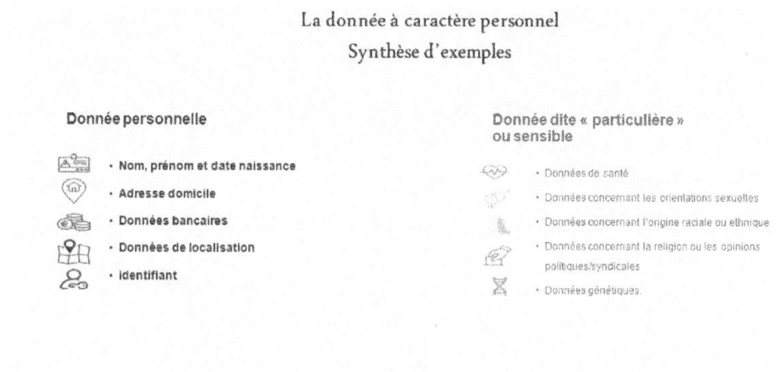

Figure 1 : Synthèse d'exemples de données à caractère personnel avec les icônes standard *(pour aller plus loin dans le Legal design, https://www.desmarais-avocats.fr/legal-design-rgpd/)*

En sus de la notion de donnée à caractère personnel, élément indispensable pour déterminer l'application de la loi, figurent d'autres notions connexes permettant d'encadrer le parcours de la donnée.

La notion de donnée personnelle n'a de sens qu'à raison du traitement qui en est fait. Dès lors, il est opportun d'analyser la notion de traitement de données à caractère personnel.

Le Traitement des données à caractère personnel : il s'agit de toute opération ou tout ensemble d'opérations portant sur les données à caractère personnel, quel que soit le procédé utilisé, et notamment la collecte, l'enregistrement, l'organisation, la conservation, l'adaptation ou la modification, l'extraction, la consultation, l'utilisation, la communication par transmission, diffusion ou toute forme de mise à disposition, le rapprochement ou l'interconnexion, ainsi que le verrouillage, l'effacement ou la destruction.

La définition large de cette notion permet d'englober toutes opérations portant sur les données à caractère personnel. Ainsi, la consultation de données est un traitement et cette « simple » consultation doit donc respecter les principes et obligations de la loi relative au traitement de données (licéité et loyauté). Dès lors qu'un outil permet de classer de l'information, même de manière simple, il s'agit d'un traitement de données.

Au sein de toute organisation, il est important de pouvoir identifier clairement la personne qui a l'initiative du traitement des données à caractère personnel. Il s'agit du responsable de traitement.

Le Responsable de traitement : Il est en principe la personne, l'autorité publique, la société ou l'organisme qui détermine les finalités et les moyens de ce fichier, qui décide de sa création.

En pratique, il s'agit généralement de la personne morale (entreprise, collectivité, etc.) incarnée par son représentant légal (président, maire, etc.). C'est lui qui doit accomplir, lorsque cela est encore obligatoire comme dans le domaine de la santé, les formalités déclaratives auprès de l'autorité de régulation.

Il peut prendre cette initiative seule ou conjointement avec d'autres entités et c'est une nouveauté instituée par l'article 26 du RGPD. Ces dernières déterminent conjointement les finalités et les moyens du traitement. Dans ce cas, il peut donc y avoir une responsabilité conjointe, c'est-à-dire un partage de responsabilité entre les différents responsables de traitement de ces entités.

Dans cette hypothèse, il peut y avoir un intérêt à ce que les entités qui vont être responsables conjointement se mettent d'accord contractuellement sur la part de responsabilité de chacun. Par ailleurs, le responsable de traitement n'est pas le propriétaire des données personnelles collectées. Il obtient ces données en contrepartie d'une prestation ou d'un service[9].

Le responsable de traitement peut également avoir recours à la sous-traitance. En ce cas, il faut pouvoir clairement distinguer le ou les sous-traitant(s).

Le Sous-traitant : il est, au sens de la loi, la personne physique ou morale (entreprise ou organisme public) qui traite des données pour le compte et sur instruction d'un autre organisme (le responsable de traitement), dans le cadre d'un service ou d'une prestation. Il est à noter que les lois africaines actuelles dans leur majorité n'ont pas encore pris en compte le nouveau degré de responsabilité des sous-traitants institué par le RGPD[10] bien plus important que sous l'ancienne loi. Néanmoins, les différentes législations africaines exigent que le contrat conclu avec le responsable de traitement prévoie une clause relative à la sécurité et à la confidentialité des données[11].

Ainsi, le sous-traitant « traite » au sens de la loi sur les données pour le compte du responsable du traitement, le destinataire en revanche ne « traite » pas les données au sens de la loi.

---

[9] Propos de M. Chawki Gaddes : Président de l'INPDP de la Tunisie, « les impératifs de sécurité face à la protection des données personnelles », Forum africain sur la protection des données personnelles (Dakar), Sénégal, 2008.

[10] Articles 28, 30.2 et 37 du règlement européen sur les obligations du sous-traitant

[11] Diouf (J. B.), « Thèse de doctorat sur la protection des données personnel, un enjeu de sécurité juridique », UCAD, p.216

Le Destinataire : il s'agit de toute personne habilitée à recevoir une communication de données autre que la personne concernée, le responsable de traitement, les sous-traitants et les personnes qui, en raison de leurs fonctions, sont chargées de traiter les données. Le destinataire d'un traitement de données à caractère personnel est donc toute personne habilitée à recevoir communication de ces données à l'initiative du responsable de traitement. Par exemple, sous réserve du respect de certaines règles de transmission des données, un bailleur peut communiquer les coordonnées des résidents à des prestataires de services.

Par ailleurs, un certain nombre d'autorités ont, en vertu de dispositions législatives et réglementaires, le pouvoir d'exiger des organismes la transmission de documents ou de renseignements, à l'instar des administrations et organismes sociaux. De telles demandes impliquent fréquemment la communication de données personnelles par un responsable de traitement.

Les organismes concernés par la demande **d'un tiers autorisé** peuvent rencontrer des difficultés pour concilier l'obligation d'y répondre tout en veillant au respect des règles de protection des données personnelles, en particulier l'exigence de confidentialité[12]. Pour pallier ces difficultés, la CNIL a publié un guide pour faciliter aussi la tâche de ces organismes constamment sollicités.

La Personne concernée : il s'agit de toute personne dont les données font l'objet d'un traitement. Étant précisé qu'il ne peut s'agir que des données des personnes physiques à l'exclusion des personnes morales.

---

[12]https://www.cnil.fr/fr/tiers-autorises-la-cnil-publie-un-guide-pratique-et-un-recueil-de-procedures

Les notions présentées ci-dessus sont indispensables pour cerner les aspects de la donnée à caractère personnel ainsi que ses différents utilisateurs toutefois, celles-ci doivent être mises en relation avec la notion de base légale, fondement de tout traitement de données à caractère personnel.

2. Les principes fondamentaux à la base de tout traitement

Tout traitement repose sur une raison d'être particulière ; il s'agit de la licéité du traitement à laquelle il convient d'ajouter d'autres principes fondamentaux.

2.1 La licéité du traitement

Le responsable de traitement devra s'assurer que le traitement respecte le principe de légalité[13]. Le traitement de données à caractère personnel doit être licite, loyal au regard de la personne concernée. Ainsi, le traitement n'est licite que s'il repose sur une base légale. Celle-ci est le fondement juridique du traitement et conditionne sa validité[14]. Le consentement est l'un des fondements sur lesquels le responsable de traitement pourra se baser pour justifier son traitement. Il peut se dispenser du consentement de la personne concernée par le recours : soit à **l'intérêt légitime**, soit au **respect d'une obligation légale**, soit à **l'exécution d'une mission d'intérêt public** ou

---

[13]Règlement de protection des données du 27 avril 2016, articles 5-1a) et 6.

[14]Règlement de protection des données du 27 avril 2016, article 6.

encore à **la sauvegarde des intérêts vitaux des personnes concernées**.

En somme, toute opération de traitement n'est licite que si au moins l'une des conditions est remplie parmi la liste figurant à l'article 6 du RGPD.

Pour être licite, tout traitement de données personnelles doit s'appuyer sur l'un des cinq fondements :

⇒ Il doit avoir eu l'accord express de la personne concernée.

Il doit être nécessaire soit :

⇒ À la réalisation d'un intérêt légitime poursuivi par le responsable de traitement ou par le destinataire ou par un tiers et sous réserve de préserver l'intérêt ou les droits et libertés fondamentaux de la personne concernée ;

⇒ À la sauvegarde de la vie et des intérêts vitaux de la personne concernée ;

⇒ Au respect d'une obligation légale incombant au responsable de traitement ou lorsqu'il est nécessaire à l'exécution d'une mission d'intérêt public ou relevant de l'exercice de l'autorité publique ;

⇒ Dans le cadre d'un contrat ou de l'intention de conclure un contrat.

Notons que le recueil du consentement des mineurs sous l'égide du RGPD est strictement encadré. En effet, pour donner le consentement, il est important d'être au-dessus d'un âge limite. Aujourd'hui, d'après les dispositions du RGPD, l'âge limite de base est de 16 ans. En revanche, le règlement européen offre aux États membres la possibilité d'ajuster cette limite entre **13 et 16 ans**. À titre indicatif, l'âge de consentement est de 15 ans en Grèce, en République Tchèque et en Slovénie, contre 14 ans en Italie, en Autriche, à Chypre et en Bulgarie. Celui-ci descend même à 13 ans en Estonie, au Danemark, en Belgique, en Irlande, en Finlande, en Pologne, en Lettonie, en Espagne, au Portugal, au Royaume-Uni et en Suède.

La France a retenu 15 ans comme âge légal 'numérique' et donc pour pouvoir donner son consentement.

La facilité avec laquelle les contrats passés en ligne peuvent être acceptés, en deux clics de souris, n'est probablement pas de nature à améliorer cette situation.

Néanmoins, il ne faut pas renoncer à rendre les conditions d'utilisation plus claires et plus lisibles. La CNIL a eu raison de reprocher à l'un des grands acteurs du secteur d'avoir noyé dans la masse des informations des utilisateurs de Google de sorte que le consentement de ceux-ci n-a pas été valablement recueilli pour traiter leurs données personnelles[15].

---

[15]Délibération CNIL 2013-420 du 3 janvier 2014, formation restreinte prononçant une sanction pécuniaire contre Google Inc.

Certes, le consentement doit être spécial en vertu de l'article 7 du RGPD, mais en aucun cas cela ne doit se déduire d'un silence, résulter de cases pré-cochées par défaut ou de l'inactivité constatée durant un laps de temps.

2.2 Les autres principes de base de la protection des données

Le Règlement, tout comme la loi *Informatique et Libertés*, impose que les données soient traitées de manière licite et loyale. Concrètement, cela implique pour le responsable de traitement le respect des principes qui suivent, à savoir : la loyauté et la transparence, la finalité déterminée, la minimisation de la collecte, l'exactitude des données, la durée de conservation limitée et la sécurité des données.

Un traitement ne peut porter que sur les données à caractère personnel qui satisfont aux conditions suivantes :

⇒ « Traitées de manière **licite, loyale et transparente** au regard de la personne concernée ;

⇒ « Collectées pour des **finalités déterminées, explicites et légitimes**, et ne peuvent pas être traitées ultérieurement d'une manière incompatible avec ces finalités » ;

⇒ « **Adéquates, pertinents et limités** à ce qui est nécessaire au regard des finalités pour lesquelles elles sont traitées » ;

⇒ « **Exactes et, si nécessaire, tenues à jour** », avec l'existence de mesures raisonnables pour corriger les éventuelles inexactitudes ;

⇒ « **Conservées** sous une forme permettant l'identification des personnes concernées pendant **une durée n'excédant pas celle nécessaire** au regard des finalités pour lesquelles elles sont traitées ;

⇒ « Traitées de façon à **garantir une sécurité appropriée** ».

Les responsables de traitement doivent être en mesure de remplir leurs obligations en matière de sécurité des traitements des données à caractère personnel. Ces obligations se traduisent en pratique par le respect des droits des personnes concernées.

Ainsi, celles-ci ont la possibilité d'exercer un certain nombre de droits (droit d'information, d'accès, de rectification et d'effacement). Cela suppose que les entreprises mettent en œuvre des modalités pratiques pour exercer ces droits en amont.

Parmi les obligations légales à la charge des entreprises figure le respect des droits des personnes concernées, ce qui signifie concrètement que l'entreprise doit délivrer l'information aux personnes concernées quant au traitement mis en place, voire le recueil du consentement, l'existence d'un droit d'accès, de rectification, de suppression et d'opposition.

À ce propos, la Commission de Protection des données personnelles du Sénégal a eu à sanctionner publiquement la société Expresso à raison de manquements à l'obligation de recueil du consentement des destinataires d'envois de SMS commerciaux à ses abonnés sans possibilité de s'opposer audit traitement[16].

Ensuite, les obligations de sécurité, de confidentialité et de conservation doivent être prévues par le responsable de traitement durant toute la chaîne de traitement de la donnée par des mesures organisationnelles. Un moyen efficace

[16] Commission de protection des données à caractère personnel du Sénégal (Délib n° 2014-015/CDP 3 avril 2014).

pour se prémunir contre les risques d'endommagement ou de détournement de données.

En outre, afin d'éviter toute divulgation, il est impératif que le responsable de traitement ainsi que ceux qui ont pour mission de manipuler les données s'astreignent à un devoir de discrétion. Une telle obligation a vocation à se superposer avec l'obligation de confidentialité professionnelle à laquelle sont tenus les salariés.

Enfin, il est primordial que les données soient conservées uniquement le temps nécessaire au traitement.

Au vu des obligations précitées, des audits au sein même des entreprises doivent être menés régulièrement afin de s'assurer de la bonne conformité des traitements mis en œuvre par les entreprises. C'est un moyen efficace d'éviter des sanctions ou des situations de non-conformité tel que le détournement de finalité d'un traitement.

2.3 Les droits classiques au bénéfice des personnes concernées

Un certain nombre de droits au bénéfice des personnes existent afin de garantir la transparence et la confidentialité.

Le Droit à l'information : la loi Informatique de 1978 reprit par les articles 12 et 13 du RGPD instituait déjà un droit à la compréhension et un droit d'information de la personne concernée. Toute personne a un droit de regard sur ses propres données. Par conséquent, quiconque met en œuvre un fichier ou un traitement de données personnelles est obligé d'informer les personnes fichées de son identité, de l'objectif de la collecte d'informations et de son caractère obligatoire ou facultatif, des destinataires des informations, des droits reconnus à la personne ainsi que des éventuels transferts de données vers un pays hors de l'Union européenne. Le responsable de traitement informe également la personne concernée de la durée de conservation des données.

Les informations communiquées doivent l'être en des termes clairs et simples, de manière concise, transparente, compréhensible et de façon aisément accessible.

Le Droit d'accès : il s'agit d'un droit complémentaire au droit d'information puisqu'il permet à son titulaire qui justifie de son identité de savoir si ses données personnelles sont traitées et d'en obtenir la communication dans un format compréhensible. Il permet également de contrôler l'exactitude des données et, au besoin, de les faire rectifier ou effacer. Quant **au Droit d'opposition** antérieurement, il permettait à toute personne justifiant de motifs légitimes de refuser l'utilisation de ses données par un responsable de traitement. Désormais, en matière de prospection commerciale par exemple, le droit d'opposition est sans concession (art. 21 §2, RGPD), il doit pouvoir s'exercer à tout moment et sans frais.

Le Droit de rectification : c'est un prolongement du droit d'accès, permettant à toute personne de faire rectifier, compléter, actualiser, verrouiller ou effacer des informations la concernant lorsqu'ont été décelées des erreurs, des inexactitudes ou la présence de données dont la collecte, l'utilisation, la communication ou la conservation sont interdites. L'article 16 du RGPD reprend ce droit en y ajoutant *que compte tenu des finalités du traitement, la personne concernée a le droit d'obtenir que les données à caractère personnel incomplètes soient complétées, y compris en fournissant une déclaration complémentaire.*

Le Droit à l'effacement : qu'il s'agisse d'une photo gênante sur un site internet ou d'une information collectée par un organisme jugée inutile, il est possible d'obtenir son effacement dans l'un des cas suivants :

- Les données sont utilisées à des fins de prospection ;

- Les données ne sont pas ou plus nécessaires au regard des objectifs pour lesquelles elles ont été initialement collectées ou traitées ;

- En cas de retrait du consentement à l'utilisation de vos données ;

- Si le traitement est illicite (par exemple, publication de données piratées) ;

- Les données ont été collectées au moment de la société de l'information (blog, forum, réseau social, site web…) ;

- Les données doivent être effacées pour respecter une obligation légale ;

- En cas d'opposition au traitement de vos données lorsque le responsable du fichier n'a pas de motif légitime ou impérieux de ne pas donner suite à cette demande.

Le moyen le plus efficace d'assurer une protection des données personnelles est de permettre en premier lieu aux personnes concernées elles-mêmes d'avoir un contrôle sur leurs données, en mettant en mouvement lesdits droits. À titre d'exemple, le législateur sénégalais de 2008, s'inspirant de la loi Informatique de 1978 modifiée, avait repris les cinq droits précités au bénéfice des personnes faisant l'objet de traitement. Toutefois, certains droits méritent d'être adaptés ; c'est le cas du prolongement du droit à l'effacement vers un droit au déréférencement / droit à l'oubli[17].

---

[17]Notion abordée Chapitre II, Section 2.

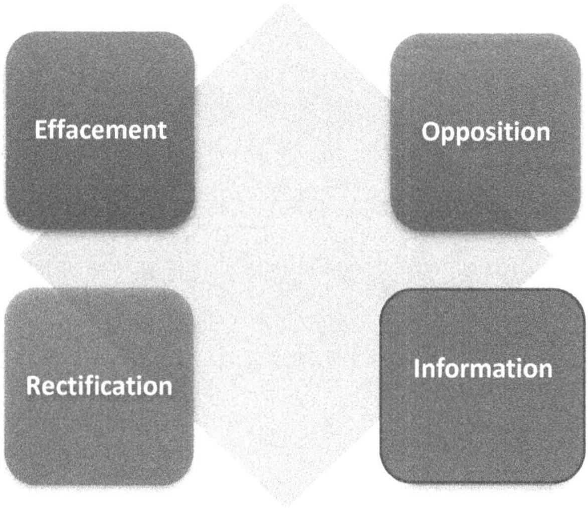

Figure 2 : les droits classiques des personnes concernées

Le respect de ses droits se trouve conforté par les obligations qui pèsent sur les responsables de traitement. Sous l'emprise de la loi Informatique et Libertés, les entreprises devaient procéder à un formalisme de contrôle fondé sur l'appréciation *a posteriori* du respect des règles en vigueur. Avec le RGPD, chaque entreprise concernée doit désormais prouver de manière continue sa mise en conformité avec le cadre juridique.

Section 2 : Les obligations incombant aux entreprises

Les lois sur la protection des données personnelles imposent aux responsables de traitement de s'astreindre au respect d'obligations procédurales (1) permettant de répondre ainsi à l'objectif général de sécurité et de confidentialité des traitements de données (2). Par ailleurs, des obligations renforcées sont requises concernant la collecte et le traitement de données de santé (3). L'efficacité de ces obligations ne peut être assurée que par la mise en place de sanctions dissuasives prévues par les textes (4).

1. Les obligations procédurales encadrant la mise en œuvre des traitements : les formalités préalables

En Europe, avec la directive de 2004, il existait trois régimes de formalités préalables : celui de la déclaration normale, celui de la demande d'autorisation et celui de la demande d'avis. Si ces deux derniers concernent généralement les traitements de l'État (sûreté, sécurité publique, téléservices, etc.), la déclaration normale, quant à elle, est le régime de droit commun des formalités préalables. C'est ainsi le cas des traitements basiques de la vie courante (ex. la gestion des abonnés d'un parking), qui relèvent du régime de la déclaration normale. Les demandes d'autorisation concernent quant à elles les traitements impliquant des données sensibles (ex. mise en œuvre d'un système d'empreintes biométriques pour accéder à des locaux).

Notons que cette gradation dans les formalités préalables tient compte à la fois de la finalité du traitement, de sa sensibilité en termes de type de données traitées et de l'identité de son responsable. Si le RGPD a supprimé la majeure partie de ces formalités préalables au niveau de l'autorité de régulation, en faisant place au concept d'*Accountability*[18], certains pays africains ont quant à eux pris l'option de maintenir ces mécanismes de contrôle *a priori* pour davantage responsabiliser les acteurs. C'est le cas de la Guinée et du Bénin qui présentent des lois actualisées respectivement en 2016 et 2018.

[18] Ce concept a pour objectif principal de prouver la mise en place des mesures adéquates de la part des entreprises et organismes publics pour être en conformité avec le cadre posé par le RGPD.

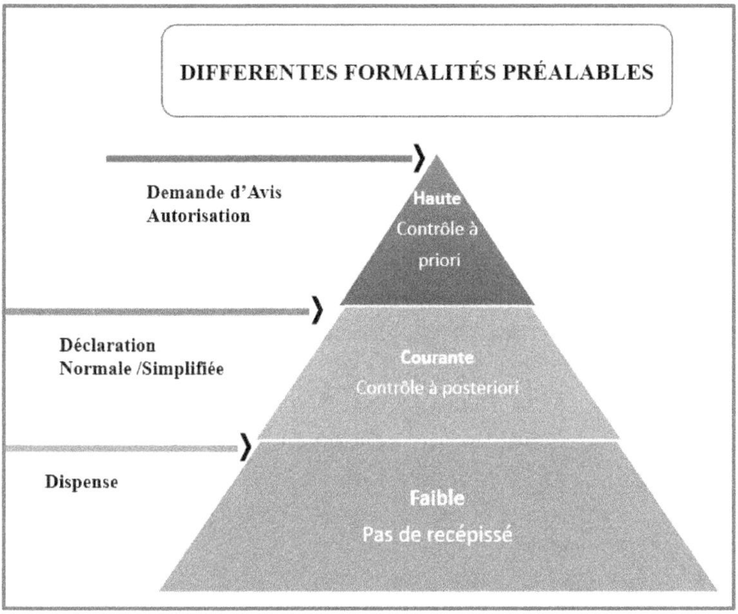

Comme l'illustre le schéma ci-dessus, le régime de formalité préalable varie en fonction de la sensibilité des données collectées et enregistrées dans le traitement. Plus le traitement porte sur des données sensibles, plus le niveau de contrôle *a priori* est élevé. Les traitements affectant faiblement les droits des personnes sont dispensés de formalités. Ce qui n'est pas le cas des traitements de gestion de la vie courante (par exemple gestion des abonnés d'une bibliothèque) qui eux sont soumis à une simple déclaration normale.

En plus des obligations procédurales, le responsable de traitement se doit également de s'assurer de l'intégrité et de la sécurité des données dans le temps.

2. Les obligations de garantir l'intégrité et la sécurité des données

Sous l'égide de la loi Informatique et Libertés, "*le responsable du traitement est tenu de prendre toutes précautions utiles, au regard de la nature des données et des risques présentés par le traitement, pour préserver la sécurité des données et, notamment, empêcher qu'elles soient déformées, endommagées, ou que des tiers non autorisés y aient accès* ». Il s'agit d'une obligation de moyens à la charge du responsable de traitement. Le règlement européen va plus loin en imposant une obligation de résultat quant aux exigences et prescriptions de sécurité (cf. RGPD, art.32).

En outre, le RGPD prévoit l'obligation de sécurisation des données personnelles dès la conception et la protection des données par défaut[19].

La première obligation en matière de sécurité des données imputée à l'entreprise se traduit par sa mise en œuvre en amont, de mesures techniques, comme la pseudonymisation et le chiffrement.

En d'autres termes, il s'agit pour l'entreprise de mettre en place des solutions qui vont permettre de minimiser les risques. D'où l'importance d'intervenir en amont afin de pouvoir avoir la main sur ces préoccupations liées à la sécurité générale des données.

Dans un second temps, intervient la mise en œuvre de mesures qui garantissent, par défaut, que les données ne soient pas rendues accessibles à un nombre indéterminé de

[19] Art. 25 RGPD.

personnes. Cela se traduit par la mise en place d'une politique des habilitations.

Par ailleurs, l'obligation de sécurisation issue de l'article 32 du règlement européen[20] prévoit une obligation de sécurité qui est rédigée sensiblement comme l'article 25 précité, mais qui s'adresse principalement au responsable de traitement et au sous-traitant.

L'analyse de risques, la pseudonymisation et le chiffrement sont des moyens permettant de garantir la confidentialité, l'intégrité et la disponibilité des systèmes de traitement. Ces techniques sont également prévues dans la législation sénégalaise[21] pour les mêmes finalités. La limitation des accès prévue par ce texte complète l'interdiction d'accès à un nombre indéterminé de personnes, visée à l'article 25 précité.

Les mesures d'habilitation doivent être mises en place par le responsable de traitement et le sous-traitant.

En outre, le règlement institue une nouvelle obligation, très appréciée des personnes concernées : il s'agit de l'obligation de notification des failles de sécurité, visée à l'article 33.

En effet, en cas de violation des données à caractère personnel, le responsable de traitement notifie la violation

---

[20] Le responsable de traitement tout comme le sous-traitant doivent « *garantir un niveau de sécurité adapté au risque* », en optant pour une série de techniques de protection comme la pseudonymisation et le chiffrement des données à caractère personnel, et « *des moyens permettant de garantir la confidentialité, l'intégrité, la disponibilité et la résilience constantes des systèmes et des services de traitement* ».

[21] Loi n°2008-40 du 20 août 2008 sur la cryptologie, article 8 évoquant le chiffrement.

en question à l'autorité de contrôle dans les meilleurs délais, au plus tard dans les 72 heures.

De même, le sous-traitant notifie au responsable de traitement toute violation des données à caractère personnel dans les meilleurs délais, après en avoir pris connaissance.

Ainsi, le sous-traitant sénégalais, si nous prenons l'exemple d'une entreprise sénégalaise, doit être en mesure de notifier et de documenter le cas échéant, la faille de sécurité rapidement au responsable de traitement situé en UE afin qu'il puisse alerter l'autorité de contrôle.

3. Les obligations renforcées en matière de collecte et de traitement de données de santé

Les données à caractère personnel de santé sont des données dites sensibles. Elles sont relatives à la santé physique ou mentale, passée, présente ou future, d'une personne physique y compris la prestation de services de soins de santé qui révèlent des informations sur l'état de santé de cette personne.

L'on distingue les données de santé par nature, comme le taux de diabète, des données de santé par croisement avec d'autres données brutes permettant de déduire des indications relatives à la santé de la personne. C'est dans ce dernier cas l'exemple du nombre de pas journaliers collectés au moyen d'un appareil connecté associé à des informations telles la taille, le poids, l'âge, l'activité quotidienne, l'alimentation, etc. L'on peut ainsi obtenir des informations sur l'état physiologique de la personne par le croisement de ces différentes données.

En principe, si nous prenons l'exemple de la loi sénégalaise de 2008[22], il existe une interdiction de collecter ou de traiter des données dites sensibles. La définition large de la donnée de santé permet d'englober certaines données de mesure à partir desquelles il est possible de déduire une information sur l'état de santé de la personne.

Par exemple, dans un contexte de gestion de pandémie, les informations obtenues lors d'un test ou d'un examen, de même que les informations relatives à une personne physique collectées lors de son inscription en vue de bénéficier de soins de santé, sont en soi des données de santé. Toutefois, la collecte et le traitement des données de santé étant résolument sensibles, ces dernières bénéficient d'une protection accrue imposant aux seuls professionnels de santé de mettre en œuvre leurs traitements. Ce qui se justifie, dans la mesure où une mauvaise manipulation d'une donnée de santé peut conduire à une erreur de diagnostic et entraîner des conséquences néfastes sur la santé du patient. Aujourd'hui, les technologies avancées permettent la collecte et une meilleure gestion de l'information médicale. La démocratisation d'internet a permis le développement des applications mobiles et des objets connectés, le secteur de la santé a connu des changements dans la manière de diagnostiquer les patients. Le *Quantified Self* -"mesure de soi-même"- est l'exemple le plus illustratif. Il s'appuie sur l'utilisation d'applications

[22] En application de l'article 40 de ladite loi, il est interdit de procéder à la collecte et à tout traitement qui révèlent l'origine raciale, ethnique ou régionale, la filiation, les opinions politiques, les convictions religieuses ou philosophiques, l'appartenance syndicale, la vie sexuelle (l'orientation sexuelle), les données génétiques ou plus généralement celles relatives à l'état de santé de la personne concernée.

et d'objets connectés afin de mesurer divers éléments, dont la température du corps, le rythme cardiaque, le sommeil, le nombre de pas journaliers, la mesure de la glycémie, etc. L'essor du Big Data permet de connecter de nombreux flux de données de santé. Dès lors, il est impératif de se conformer aux exigences spécifiques relatives au traitement des données de santé. L'usage du *Quantified Self* repose donc sur le traitement de données à caractère personnel de santé justifiant une protection accrue en raison de la sensibilité de ces catégories de données.

Toute opération portant sur des données de santé est définie comme un traitement de données de santé. Le RGPD l'interdit, à l'exception des cas où le consentement exprès des personnes concernées a été obtenu ou lorsque le traitement fait partie des exceptions prévues par la loi. Toutefois, le texte européen permet à tout État membre de poser des conditions plus strictes concernant le processus de traitement des données de santé. À ce titre, en France, la loi Informatique et Libertés (LIL 3) est intervenue en juin 2018 pour encadrer le régime de la collecte et l'utilisation de telles données. Ainsi, le traitement des données de santé peut être licite malgré l'absence du consentement préalable de la personne concernée, lorsque le traitement est réalisé pour atteindre certaines finalités, ou dans le cadre de certaines obligations légales, notamment en cas de prévention des risques en matière de santé publique (ex. : limitation des risques de propagation des maladies, préservation des intérêts vitaux de la personne concernée). À cela, il faut ajouter que l'hébergement des données de santé est rigoureusement encadré dans tous les États européens au travers du RGPD ainsi que les exigences réglementaires locales telles que la certification HDS (hébergement de données de santé), condition obligatoire pour les fournisseurs de solutions cloud dans le secteur.

Par ailleurs, l'article 89 du RGPD prévoit que les traitements à des fins archivistes dans l'intérêt public, à des fins de recherche scientifique ou à des fins statistiques (qu'ils portent sur des données sensibles ou non) sont possibles lorsque sont apportées les garanties pour les droits et libertés de la personne concernée. Les considérants 156, 157 et 162 du RGPD précisent cependant que le traitement des données à caractère personnel à ces fins devrait être soumis à des « *garanties appropriées pour les droits et libertés de la personne concernée* » et que celles-ci soient « prévues *dans le droit de l'Union ou le droit des États membres* ». En effet, le RGPD indique que les États membres de l'UE ont le droit de prévoir des particularités et dérogations aux droits des personnes concernées pour le traitement de leurs données à caractère personnel à des fins de recherche scientifique et statistique.

Concernant la recherche médicale, le législateur français et la CNIL ont défini les garanties et mesures appropriées devant être mises en place afin de protéger les données de santé tout en facilitant leur traitement à des fins de recherches médicales. Ces mesures figurent dans les méthodologies de référence[23] publiées en 2018. Cependant, cette approche ne fonctionne pas en dehors de la France, ce qui rend les recherches transfrontalières difficiles[24].

En raison de la sensibilité intrinsèque à la donnée de santé, les formalités préalables sont toujours maintenues dans le dispositif législatif de protection des données. Par conséquent, l'autorité de régulation dispose toujours d'un

---

[23] https://www.cnil.fr/fr/recherches-dans-le-domaine-de-la-sante-la-cnil-adopte-de-nouvelles-mesures-de-simplification

[24] Gérot (M.) « Le RGPD pourrait freiner les ambitions de l'Europe en matière d'intelligence artificielle », avocat, Gazette du palais du 23 juin 2020, n°23 – p. 16.

droit de regard préalable à la mise en œuvre de tout traitement portant sur les données de santé.

La plupart des entreprises sont confrontées à des risques réels, mais le plus souvent ignorés. Dès lors, elles s'exposent à des sanctions pécuniaires importantes. Si le RGPD a harmonisé substantiellement le montant des sanctions financières, ce n'est pas le cas des différentes législations africaines en la matière.

4. Le non-respect des obligations liées à la collecte et au traitement des données personnelles :

(Tableau des sanctions administratives pécuniaires Maroc, Sénégal, Bénin et Mali)

Les textes relatifs à la cybercriminalité et la protection des données personnelles ont prévu l'incrimination d'infractions relatives aux données personnelles, notamment des atteintes de données présentant un caractère personnel et en violation des formalités de déclaration, de principes de protection, de droits des personnes, des mesures de sécurité et de confidentialité. Sont aussi visés les cas d'atteintes à la vie privée par le traitement automatisé des données personnelles, notamment par l'enregistrement et la conservation sur support informatique de données sensibles sans le consentement de l'intéressé. En cas de non-respect des précautions, des sanctions administratives sont prévues (avertissement, mise en demeure, retrait de l'autorisation accordée provisoire / définitive) ou financières (amende de 1 à 100 millions par la Commission de Protection des Données Personnelles du

Sénégal, CDP pour le cas du Sénégal). En outre, des sanctions pénales sont applicables, notamment par un emprisonnement de 6 mois à 7 ans et une amende pécuniaire.

Quant au RGPD, il distingue trois catégories d'amendes administratives visées à l'article 83. La distinction se fonde sur les dispositions ayant fait l'objet d'une violation et a pour conséquence une variation du montant des amendes.

La première catégorie d'amendes vient sanctionner les manquements suivants pour :

- Le consentement des enfants ;
- Les traitements ne nécessitant pas d'identification ;
- Les obligations générales du responsable de traitement : registre des traitements, coopération avec l'autorité de contrôle, sécurité, notification d'une violation de données, analyse d'impact, traitement effectué sous l'autorité du sous-traitant, consultation préalable, délégué à la protection des données, certification et codes de conduite.[25]

Le montant maximal des amendes entrant dans cette première catégorie est de **10 000 000 euros** ou, si le contrevenant est une entreprise, équivaut à **2 % du chiffre d'affaires annuel mondial de l'exercice précédent.**

---

[25]Le RGPD annoté par l'Association Française des Correspondants à la Protection des Données à caractère personnel (AFCDP), p.109.

La deuxième catégorie d'amendes sanctionne les violations des principes de base applicables aux traitements, des droits des personnes concernées, des dispositions relatives aux flux transfrontières de données, des obligations imposées par le droit des États membres relativement à des situations particulières de traitement, et des ordres et injonctions émis par les autorités de contrôle en vertu de l'article 58, § 2, du RGPD. Le montant maximal des amendes entrant dans cette deuxième catégorie est fixé à **20 000 000 euros** ou, si le contrevenant est une entreprise, à **4 % du chiffre d'affaires annuel mondial de l'exercice précédent.**

Enfin, la troisième catégorie d'amendes vient sanctionner le non-respect d'un ordre ou d'une injonction précédemment émis par l'autorité de contrôle en vertu de l'article 58, § 2, du RGPD[26]. Le montant maximal de cette dernière catégorie d'amendes est fixé à **20 000 000 euros ou, si le contrevenant est une entreprise, à 4 % du chiffre d'affaires annuel mondial de l'exercice précédent.**

En harmonisant le montant des sanctions et surtout en les indexant sur le chiffre d'affaires des entreprises, le législateur européen a souhaité mettre fin aux disparités existant entre États membres et éviter ainsi le recours au *forum shopping*. Ce qui n'est pas le cas de la majorité des pays africains disposant d'une loi en la matière. Si le Bénin offre une palette de sanctions dissuasives pour les entreprises contrevenantes en indexant le montant maximal de la sanction à **5 % du chiffre d'affaires**, tel n'est pas le cas de nombreux pays comme le Sénégal ou le Maroc ainsi l'illustre le tableau ci-dessous.

---

[26] Bensoussan (A.) « Règlement européen sur la protection des données », édition Larcier, 2018, p.407.

Quelques sanctions financières		
Pays	**1er niveau**	**2ème niveau**
SÉNÉGAL 	1 à 100 millions CFA ✓	✗
BÉNIN 	50 à 100 millions CFA ✓	5% du CA de l'entreprise dans la limite de100 millions CFA ✓
MALI 	2,5 à 10 millions CFA ✓	5 à 20 millions CFA ✓ Art.65 en cas de détournement de finalités.

MAROC 	20 000 à 200 000 DH ✓	50 000 à 300 000 DH ✓ Art.54 en cas collecte illicite de données sensibles.

Figure 4 : Quelques sanctions administratives pécuniaires pouvant être prononcées par les Autorités de protection des données

Par une délibération n°2017-001-/APDP du 13 février 2017, l'Autorité malienne de Protection des Données Personnelles avait déclaré Orange Mali responsable de la violation de la loi portant sur la protection des données. En application de cette loi, la société a été condamnée à une amende administrative financière **de 15 millions FCA.**

En l'espèce, la compagne de la victime, stagiaire à Orange Mali, a pu accéder à de nombreuses données à caractère personnel la concernant, alors qu'elle n'y était pas autorisée dans le cadre de son stage, violant ainsi l'article 08 de la loi n°2013-015 du 21 mai 2013 portant protection des données à caractère personnel qui indique que,

« Le responsable du traitement prend toutes les précautions utiles pour préserver la sécurité des données. Il doit empêcher notamment qu'elles soient déformées, endommagées ou qu'un tiers non autorise y accède ».

Il est à noter que des tribunaux civils sanctionnent les atteintes à la vie privée, c'est le cas du TRHC de Dakar dans l'affaire[27] opposant N. Dia et S. Diop du 21 mai 2013 aboutissant à la condamnation de ce dernier d'un montant de 3 000 000 de FCFA pour toutes causes préjudices confondus.

Sur le terrain spécifique de la violation de la loi sur les données personnelles, les rares décisions émanant d'autorités africaines de contrôle sont plus axées sur des mesures d'avertissement ou de mise en demeure. Néanmoins, l'autorité malienne a, quant à elle, prononcé une sanction administrative financière.

---

[27]La diffamation au Sénégal, cadre juridique et état de la jurisprudence, Jack Mactar DIENG, https://jackmactardieng.wordpress.com/2015/11/24/la-diffamation-au-senegal-cadre-juridique-et-etat-de-la-jurisprudence.

Section 3 : Le dispositif juridique international de la protection des données personnelles en Afrique

La protection des données à caractère personnel est reconnue dans divers instruments en Afrique, au travers des organisations communautaires que sont l'UEMOA, la CEDEAO, et autres textes applicables contraignants (1) et de portée internationale (2).

1. Les données à caractère personnel dans les textes contraignants régionaux

Depuis le début des années 2000, certaines institutions africaines régionales et sous régionales se sont intéressées à la protection des données à caractère personnel.

Au niveau de l'Union Économique Monétaire Ouest - Africaine, la directive UEMOA du 23 mars 2006[28] relative à l'harmonisation des politiques de contrôle et de régulation du secteur des télécommunications prévoit en son article 3 que : *« Les États membres veillent à ce que les missions de régulation du secteur soient exercées par les autorités nationales de régulation en vue de la réalisation des objectifs suivants : la garantie des populations [...] en assurant un niveau élevé de protection des données à caractère personnel et de la vie privée. »*.

Cette disposition indique bien la nécessité de protéger la vie privée des utilisateurs de services de télécommunications.

L'article 3, alinéa 3.2 [29]du même texte dispose que : *« Les États membres s'engagent à mettre en œuvre les*

[28] Directive n°1/2006/CM/UEMOA du 23 mars 2006.
[29] Article 3 alinéa 3.2 de la directive du 23 mars 2006

dispositions législatives et réglementaires applicables en matière de protection des données à caractère personnel ».

Au niveau régional, **la Communauté économique des États de l'Afrique de l'Ouest (CEDEAO)** a adopté, le 16 février 2010, un Acte additionnel relatif à la protection des données personnelles[30].

Cet Acte additionnel fixe un cadre harmonisé et prévoit un dispositif visant à protéger les données personnelles face aux risques de dérives qui peuvent résulter de l'utilisation des technologies de l'information et des communications. Ce texte est d'application directe dans le droit positif des États membres. Il consacre le principe de la libre circulation des données et recommande fortement la mise en place des autorités de protection.

À titre d'exemple, le législateur sénégalais avait anticipé cela avec la *loin°2008-12 du 25 janvier 2008*[31] *portant sur la protection des données à caractère personnel instituant la Commission de protection des données à caractère personnel* (CDP). L'Acte additionnel a été complété par la directive de la CEDEAO du 19 août 2011 portant sur la cybercriminalité[32], qui détermine les infractions pénales en matière de protection des données à caractère personnel. Ce travail de la CEDEAO a très largement inspiré l'Union africaine.

Au niveau de l'instance suprême africaine, l'Union africaine, la décision d'harmoniser les législations

---

[30] Acte additionnel A/SA.1/01/10 du 16 février 2010 relatif à la protection des données à caractère personnel.

[31] Loi 2008-12 du 25 janvier 2008 publiée au Journal officiel du Sénégal du 25 janvier 2008.

[32] Directive C/DIR/1/08/11 du 19 août 2011 portant lutte contre la cybercriminalité dans l'espace de la CEDEAO.

africaines à l'échelle continentale a été prise par la Commission de l'Union africaine pour affirmer que les TIC sont des éléments primordiaux au développement et à la compétitivité de l'Afrique pour la réalisation de la vision de l'Union africaine et la concrétisation des Objectifs du Millénaire pour le développement (OMD).

La Convention de l'Union africaine sur la cybersécurité et la protection des données à caractère personnel, adoptée le 27 juin 2014 à Malabo[33], vise à créer *« un cadre normatif approprié correspondant à l'environnement juridique, culturel, économique et social africain »*.

Cette convention relative aux données personnelles est applicable au Sénégal. Elle est un instrument de protection multidisciplinaire, couvrant plusieurs domaines ou secteurs de l'informatique ou des technologies de l'information et de la communication, à savoir :

- les transactions électroniques ;
- la protection des données à caractère personnel ;
- la cybersécurité et la lutte contre la cybercriminalité.

La convention est ouverte à tous les États membres de l'Union africaine, pour signature, ratification et adhésion,

[33] La Convention de l'Union africaine sur la cybersécurité et la protection des données à caractère personnel adoptée le 27 juin 2014 à MALABO en République de Guinée équatoriale. Les chefs d'État et de gouvernement de l'Union africaine (UA), réunis les 26 et 27 juin 2014 à Malabo en Guinée équatoriale, pour la 23e Session ordinaire du Sommet de l'UA, ont adopté, à l'instar du Conseil de l'Europe, la Convention de l'UA sur la cybersécurité et la protection des données à caractère personnel

conformément à leurs procédures constitutionnelles respectives.

Une fois ratifiée par tous les États membres, la Convention sera le texte de référence en complément des textes en vigueur dans chaque pays. Ladite Convention de l'UA doit être lue conjointement avec les lignes directrices pour la protection des données à caractère personnel en Afrique qui visent à fournir des orientations sur la mise en œuvre de la convention[34].

À ce titre, le Sénégal, bien qu'ayant une loi en la matière, a ratifié ladite Convention de l'Union africaine sur la cybersécurité et la protection des données à caractère personnel en 2016. Actuellement, l'insuffisance du nombre de pays ayant ratifié le texte fait obstacle à son applicabilité sur toute l'étendue du continent.

Au niveau de l'Afrique australe, il existe la Loi-cadre type de la Communauté de Développement de l'Afrique australe (SACD), adoptée en 2013 dans le cadre du projet d'harmonisation des politiques de TIC en Afrique subsaharienne[35] (HIPSSA). L'objectif de la loi type est de rendre effective la garantie du droit au respect de la vie privée par la protection des informations personnelles, basée sur la transparence et la responsabilité des acteurs traitant de la donnée. Elle vise également à harmoniser la législation sur la protection des données dans la sous-région.

---

[34] https://www.internetsociety.org/resources/doc/2018/personal-data-protection-guidelines-for-africa/

[35] https://www.itu.int/en/ITU-D/Projects/ITU-EC-

À l'Est, la Communauté des États de l'Est (CAE[36]) a adopté des *Cadres cyber lois* qui contiennent notamment des directives législatives, des références, des recommandations... Le *cadre* daté de 2008 a été élaboré sous l'égide du Conseil des ministres de la CAE et le *cadre* de 2010 a été élaboré avec le soutien de la Conférence des Nations Unies sur le Commerce et le Développement (CNUCED). En ce qui concerne leurs contenus, tout d'abord, il recommande que les États membres adoptent les bonnes pratiques internationales en matière de protection des données[37].

En outre, le *cadre* de 2008 n'identifie que les obligations minimales suivantes : respecter certains « principes de bonne pratique » en ce qui concerne leurs activités de traitement, y compris la responsabilité, la transparence, le traitement loyal et légal, la limitation du traitement, l'exactitude et la sécurité des données ; fournir à la personne concernée une copie de toute donnée à caractère personnel détenue et traitée et lui donner la possibilité de modifier des données incorrectes.

Au-delà des textes régionaux, des textes internationaux sont également applicables à certains Etats parties à la Convention du Conseil de l'Europe de 1981 qui traite de la question de la protection des données à caractère personnel.

---

[36] https://www.eac.int/

[37] Greenleaf, G., & Georges M. (2014). African Regional Privacy Instruments: Their Effect on Harmonization. Privacy and Business Law International Report 19-21.

2. Les données à caractère personnel dans les textes contraignants de portée internationale

La mise en place de la convention dite ***« Convention 108 »***, relative à la protection des personnes à l'égard du traitement automatisé des données à caractère personnel a été signée le 28 janvier 1981 à Strasbourg[38]. Cette Convention est le premier instrument international juridique contraignant dans le domaine de la protection des données.

L'objet principal de cette convention est de garantir *« à toute personne physique, quelle que soit sa nationalité ou sa résidence, le respect de ses libertés fondamentales, notamment son droit à la vie privée, à l'égard du traitement automatisé des données à caractère personnel la concernant ».*

Elle s'applique aussi bien dans le secteur privé que dans le secteur public.

Cette convention a le mérite de protéger les individus contre les abus pouvant accompagner la collecte et le traitement de données à caractère personnel, tout en cherchant à réguler les flux transfrontières de données à caractère personnel.

La Convention 108 est actuellement le seul instrument juridique international à vocation universelle en matière de protection des données à caractère personnel.

---

[38]Convention pour la protection des personnes à l'égard du traitement automatisé des données à caractère personnel, Strasbourg, 28/01/1981 - Traité ouvert à la signature des États membres et à l'adhésion des États non-membres.

Les grands principes de protection des données, telles que la licéité, la loyauté, la conservation à des fins légitimes, la proportionnalité, l'interdiction en l'absence de garantie juridique convenable de traiter des données sensibles sont ainsi visés.

L'intérêt principal de cette convention est qu'elle est ouverte à l'adhésion pour les pays non-membres de l'Union européenne (art. 23).

C'est ainsi que le Sénégal l'a ratifiée en 2016. En effet, le Sénégal a déposé, le 25 août 2016, les instruments d'adhésion à la Convention 108 pour la protection des personnes à l'égard du traitement automatisé des données à caractère personnel (STE n°108) et à son protocole additionnel concernant les autorités de contrôle et les flux transfrontières de données (STE n°181). Il est devenu ainsi le 50e État partie de la convention et le deuxième État africain à ratifier ladite convention après l'île Maurice.

L'adhésion allège les procédures de conformité à la législation sur la protection des données à caractère personnel.

La Convention renforce ainsi le cadre juridique sénégalais, et le protocole additionnel crée un espace commun naturel d'échange et de facilitation des flux transfrontières de données ; elle a le mérite de ne pas être uniquement continentale.

En somme, l'Acte additionnel de la CEDEAO établit un cadre juridique pour la collecte, le traitement, la transmission, le stockage et l'utilisation des données à caractère personnel. Les dispositions de l'Acte additionnel reflètent la directive de l'UE de 1995 et certaines des dispositions sont semblables à celles de la Convention de l'UA.

Il existe une disparité entre les différents pays du continent, divisés sur le modèle de protection des données à adopter. Certains pays disposent d'une loi sur la protection des données, d'autres disposent de cadres fragmentés, d'autres enfin ne disposent d'aucune loi.[39] Aujourd'hui, sur les 55 pays, seuls 29 ont une loi sur la protection, dont 15 ayant mis en place une autorité chargée de faire respecter la loi. Il existe également des lois et cadres qui sont devenus inadaptés, voire inefficaces, face au contexte actuel de partage et traitement des données et qui, par conséquent, ne protègent pas suffisamment les citoyens africains.

---

[39] Article de LLORI (T.), Data protection in Africa and the COVID19 pandemic:
https://africaninternetrights.org/sites/default/files/Tomiwa%20Ilori_AfDec_Data%20protection%20in%20Africa%20and%20the%20COVID-19%20pandemic_Final%20paper.pdf

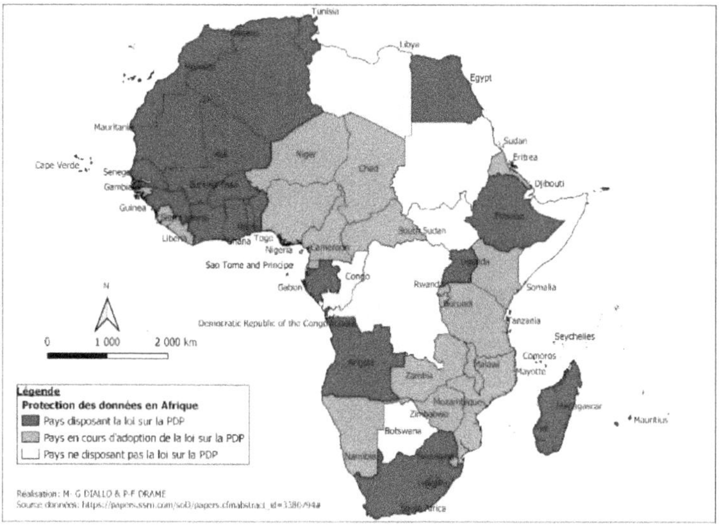

La carte ci-dessus renseigne sur le niveau de protection des données personnelles par pays. On peut distinguer alors trois niveaux de protection. Il est donc nécessaire que les États africains poursuivent leurs efforts tendant à l'intégration des standards mondiaux en matière de protection des données personnelles. Il est à noter que s'agissant du droit des affaires, le droit de l'Organisation pour l'Harmonisation du Droit des Affaires, OHADA est applicable aux 17 pays africains membres. Son Acte uniforme du 15 décembre 2010 portant sur le droit commercial général (AUDCG) intègre les services numériques comme la dématérialisation et la sécurisation englobe l'écrit électronique, la signature et le cachet électroniques, l'horodatage, l'échange de données informatisées (EDI) et le recommandé électronique.

Ces services numériques génèrent des données personnelles et posent les problématiques liées à la confiance numérique. Il aurait été souhaitable que le corpus juridique intègre la thématique de la protection des données comme levier de la régulation numérique.

Afin d'améliorer la pratique de la conformité des entreprises européennes, le législateur s'est inspiré notamment de concepts anglo-saxons relativement plus souples permettant aux personnes concernées d'avoir un meilleur contrôle sur leurs données personnelles traitées tout en responsabilisant les acteurs.

Chapitre II

L'émergence de nouveaux concepts et droits

Le texte européen sur la réglementation des données personnelles entraîne un changement de paradigme et génère de nouveaux concepts (section 1) conduisant à l'apparition de nouveaux droits venant renforcer les droits classiques (section 2).

Section 1: Les concepts d'Accountability, Privacy by Design et de Privacy by default

Il faut garder à l'esprit que le RGPD ne modifie pas les procédures existantes de la loi de 1978 (finalité déterminée, pertinence des données, durée de conservation, mesures de sécurité adéquates, information des personnes, transparence et recueil du consentement dans certains cas). Le texte innove en ce qu'il inclut ces principes, en amont, dès la conception du produit : Privacy by Design ou by Default[40](2). En outre, il faut être en mesure de démontrer sa conformité à tout moment, c'est le concept d'Accountability (1).

---

[40] Interview de Johanna Carvais, DPO de MM, disponible sur le site internet de l'argus de la santé https://www.argusdelassurance.com/acteurs/mutuelles-de-sante-ip/rgpd-comment-malakoff-mederic-s-est-mis-en-conformite.129487

1. L'Accountability

L'Accountability est un principe général de responsabilisation des acteurs traitant des données personnelles, dont l'application est transversale à l'ensemble des dispositions du RGPD. Il est un principe fondamental du texte européen, sa mise en œuvre fait partie du rôle attribué au responsable du traitement, conformément à l'article 5 du RGPD.

Ce concept est également visé au Considérant 74 du RGPD en ces termes :

« Il y a lieu d'instaurer la responsabilité du responsable du traitement pour tout traitement de données à caractère personnel qu'il effectue lui-même ou qui est réalisé pour son compte. Il importe, en particulier, que le responsable du traitement soit tenu de mettre en œuvre des mesures appropriées et effectives et soit à même de démontrer la conformité des activités de traitement avec le présent règlement, y compris l'efficacité des mesures. Ces mesures devraient tenir compte de la nature, de la portée, du contexte et des finalités du traitement ainsi que du risque que celui-ci présente pour les droits et libertés des personnes physiques. »

L'Accountability désigne donc l'obligation pour les entreprises de mettre en œuvre des mécanismes et des procédures internes permettant de démontrer le respect des règles relatives à la protection des données.

Selon la Commission Nationale de l'Informatique et des Libertés en France, il s'agit de l'obligation pour les entreprises de mettre en œuvre des mécanismes et des procédures internes permettant de démontrer le respect des règles relatives à la protection des données.

Cette obligation de rendre compte permet ainsi de s'assurer de l'efficacité des mesures à la fois techniques et organisationnelles mises en œuvre par le responsable de traitement.

Afin de garantir un traitement conforme des données personnelles, il est important que les mesures d'Accountability soient révisées et mises à jour régulièrement. Le respect de ce principe relève donc des prérogatives du responsable de traitement. Ce principe permet également aux autorités de contrôle propres à chaque pays membre de l'UE de vérifier par exemple le bon respect des règles de sécurité par les entreprises et organismes publics. La traçabilité et la transparence des mesures mises en œuvre grâce au principe d'Accountability sont des points essentiels pour garantir la protection des utilisateurs.

Les mesures essentielles permettant de démontrer le respect aux règles relatives à la protection des données sont notamment :

- Réduction de la quantité et du type de données collectées ;
- Traitement des données nécessaires selon les objectifs ;
- Transparence du traitement des données ;
- Sécurisation du processus de collecte et de traitement ;
- Pseudonymisation des données ;
- Respect des délais de conservation ;
- Dispositions pour garantir l'exercice des droits des utilisateurs ;
- Nomination d'un responsable de traitement ;
- Tenue de registres ;
- Encadrement des traitements réalisés par les sous-traitants ;
- Évaluation régulière du niveau de protection des données ;
- La formation et sensibilisation du personnel à la règlementation sur les données.

Le principe d'Accountability a donc pour objectif principal de prouver la mise en place des mesures adéquates de la part des entreprises et organismes publics pour être en conformité avec le cadre posé par le RGPD. Afin de respecter ces nouvelles obligations, il est nécessaire que les acteurs concernés soient parfaitement rigoureux et qu'ils puissent justifier leur conformité par une documentation fournie et précise.

L'adoption du RGPD à l'échelle européenne s'est donc faite dans l'objectif de responsabiliser les entreprises et les organismes publics. En effet, face aux différents scandales et fuites de données mis à jour ces dernières années, les gouvernements ont donc pris des mesures adaptées afin de protéger la vie privée des utilisateurs.

Dans le cas où un organisme concerné par le RGPD ne met pas en place les mesures adéquates pour garantir la protection des données personnelles, les risques encourus sont importants. En effet, les organismes de contrôle des 28 pays ayant adopté ce règlement peuvent prononcer des sanctions administratives et pécuniaires conséquentes :

- Amende jusqu'à 20 millions d'euros ou jusqu'à 4% du chiffre d'affaires annuel pour une entreprise ;

- Rappel à l'ordre ;

- Limite temporaire ou définitive de traitement des données ;

- Obligation de mise en conformité.

Rendues publiques, ces sanctions peuvent avoir de lourdes conséquences pour l'organisme sanctionné. La mise en place des mesures adaptées pour garantir le principe d'Accountability apparaît donc comme une priorité pour les acteurs concernés par le RGPD.

Figure 5 : l'Accountability en 6 points ; Source Cabinet Alain Bensoussan Avocats Lexing in M. Quémener, 2018.

En plus de l'Accountability, figure un autre concept phare dans le texte européen : celui du Privacy by Design/Default.

2. Les concepts de Privacy by Design et Privacy by Default

Depuis 1995, Ann Cavoukian, devenue plus tard Commissaire à l'information et à la vie privée de l'Ontario (CANADA), a proposé la formule et le concept de Privacy by Design, qui au fil du temps a été érigé en principe et repris dans les productions académiques et professionnelles[41].

En octobre 2010, les responsables de la réglementation présents à la Conférence internationale des commissaires à la protection des données et à la vie privée ont adopté à l'unanimité une résolution reconnaissant la protection intégrée de la vie privée en tant qu'élément essentiel de la protection fondamentale de la vie privée. C'est ainsi que le législateur européen a intégré cette notion dans le cadre juridique européen comme un outil essentiel pour assurer la confiance des citoyens de l'Union.

Le Privacy by Design a pour objectif de garantir que la protection de la vie privée soit intégrée dans les nouvelles applications technologiques et commerciales dès leur conception. Pour chaque nouvelle application, produit ou service traitant des données à caractère personnel, les entreprises et autres responsables du traitement devraient

---

[41]Cavoukian (A.), Privacy by Design: The 7 Foundational Principles, Information and Privacy Commissioner of Ontario, 2009. https://www.ipc.on.ca/wp-content/uploads/ Resources/7foundationalprinciples.pdf (consulté le 07/12/2018).

offrir à leurs utilisateurs ou clients le plus haut niveau possible de protection des données.

Concrètement, le Privacy by Design consiste à étudier l'impact sur la vie privée dès le départ d'un projet de traitement des données à caractère personnel afin d'apprécier et de minimiser les risques sécuritaires et de non-respect de la réglementation. Cette approche préventive vise également à garantir le respect de la vie privée dans le fonctionnement des systèmes techniques, et ce, pendant toute la période d'utilisation des données jusqu'à leur obsolescence informationnelle.

Le Privacy by Design suppose également une protection par défaut : le Privacy by Default (les paramètres de confidentialité les plus stricts devraient s'appliquer sans aucune action de l'utilisateur final). Ces deux concepts ont été introduits dans le droit positif par le RGPD dans son article 25 qui met à la charge de tout responsable de traitement de mettre en œuvre des mesures techniques et organisationnelles appropriées pour garantir le Privacy by Design.

Ainsi que le rapportent à juste titre Gérard Haas et Bastien Eyraud[42], la promotion de l'utilisation des technologies d'amélioration de la confidentialité (PET: Privacy Enhancing Technologies), ainsi que la prise en compte du principe de Privacy by Default pourraient jouer un rôle important dans ce contexte pour responsabiliser encore davantage les entreprises afin qu'elles mettent en place des

---

[42]Haas (G.) & Eyraud (B.), « Que signifient les principes de Privacy by Design et Privacy By Default ? » du 12/06/2019 https://data-droit.com/2019/06/12/que-signifient-les-principes-de-privacy-by-design-et-privacy-by-default/

politiques et mécanismes efficaces pour assurer le respect des règles en matière de protection des données.

L'essor d'internet, des nouvelles technologies de recueil et de collecte de données ont mis à jour la problématique des données personnelles et l'enjeu économique indéniable qu'elles suscitent. Si le Big Data est une forme de richesse pour l'entreprise traitant des données à grande échelle, il est toutefois indispensable de le manier avec précaution et éthique. En effet, le Big Data doit également répondre aux attentes des utilisateurs soucieux de voir leurs données en ligne protégées.

Le Privacy by Design est donc une première réponse face aux problématiques du Big Data et de la fuite massive de données du fait de l'automatisation et l'analyse de la collecte de données personnelles.

La mise en œuvre du principe de Privacy by Design pousse l'entreprise à adapter ses méthodes et techniques à la protection des données prévue dans le RGPD dès leur conception, c'est à dire dès le début d'un projet ou dès la création d'une nouvelle technique. Cela permet d'avoir des techniques appropriées aux besoins réels de l'entreprise permettant de limiter la collecte des données à caractère personnel.

Le Privacy by Design, principe qui rappelle aux entreprises la nécessité de créer des mesures de protection des données personnelles se décline en 7 sous concepts :

1. Mesures préventives et non coercitives permettant de prévenir les violations de données personnelles ;
2. La protection par défaut de la vie privée (c'est-à-dire une protection implicite et automatique) ;
3. La protection de la vie privée dès la conception des systèmes et pratiques entrepreneuriales ;
4. Sécurité et protection de la vie privée tout au long du projet, également pendant la période de conservation des données personnelles ;
5. Visibilité et transparence des pratiques de l'entreprise ;
6. Respect de la vie privée des utilisateurs ;
7. Protection optimale et intégrale.

À titre illustratif, il existe des moyens de mise en œuvre du principe de Privacy by Design dans la politique de l'entreprise.

En voici deux exemples :

- La pseudonymisation des données : le remplacement de certaines données à caractère personnel par un pseudonyme. Cela permet de rendre la personne concernée par les données non identifiable. La vie privée de la personne est protégée tout en permettant à l'entreprise d'utiliser les données aux finalités souhaitées. Les données sont ainsi « séparées » de l'identité de la personne.

- La minimisation de la collecte des données : seules les données nécessaires à la finalité recherchée par l'entreprise seront collectées. C'est la politique du « strict minimum ».

Bon à savoir : La mise en place des « Privacy Enhancing Technologies », qui signifie « Technologies de protection des données personnelles », permet d'encadrer la collecte des données. Ces technologies permettent principalement la minimisation des données. Ce sont des mesures permettant aux utilisateurs de concrétiser la minimisation des données : ils peuvent contrôler leurs données et les minimiser ou les rendre anonymes à leur gré.

Cela permet de répondre au principe de proportionnalité des techniques utilisées. Ainsi que le rapporte le spécialiste Samuel Goldstein[43], les mesures utilisées par l'entreprise doivent être proportionnelles aux risques et aux violations que le traitement des données personnelles peut causer à la personne dont les données ont été collectées.

---

[43]Goldstein (S.) « L'ambition est de rendre accessible le savoir-faire juridique au plus grand nombre grâce à un contenu simple et de qualité. », https://www.legalplace.fr/guides/privacy-by-design-rgpd

En ce qui concerne les mesures du Privacy by Default, par exemple pour tout développement d'application, de site ou de service en ligne, il faut dès l'origine prévoir des mesures aptes à garantir la vie privée de l'utilisateur. Ces mesures doivent s'appliquer par défaut, c'est-à-dire qu'elles doivent être appliquées par principe et qu'il faut une action délibérée pour les désactiver.

À titre illustratif, lors du téléchargement d'une application, il est souvent demandé l'autorisation d'accéder aux contacts, à l'appareil photo ou encore au micro. C'est une application du Privacy by Default dans la mesure où l'accès à des données personnelles (contacts, photographies, sons) est soumis à l'autorisation préalable de l'utilisateur, sans quoi l'application n'y aura pas accès.

En somme, grâce au principe de Privacy by Design et de son corollaire Privacy by Default, la protection des données personnelles n'est plus une option pour les entreprises, mais une obligation inhérente à chacune de leurs activités.

Ces nouveaux concepts consacrés par le RGPD ont trouvé un écho dans le renforcement des droits classiques par l'émergence de nouveaux droits au bénéfice des personnes.

Section 2 : Le renforcement des droits classiques par la consécration de droits nouveaux : le droit à l'oubli et le droit à la portabilité

Le RGPD renforce les droits des citoyens et résidents européens en prévoyant de nouvelles modalités d'information relatives aux droits d'accès et d'opposition (1). Outre la consolidation de ces droits classiques, le texte européen consacre des droits nouveaux : le droit à l'oubli, le droit à la portabilité et la limitation du traitement (2).

1. Les nouvelles modalités de l'information des personnes concernées : le droit d'accès et d'opposition

Le respect du principe de transparence suppose que les personnes concernées par tout traitement doivent recevoir une série d'informations appropriées. Le RGPD consacre trois situations différentes autour desquelles les informations délivrées peuvent varier.

Toute collecte devra être accompagnée d'une série d'informations obligatoires. La liste est longue, mais citons l'identité du responsable du traitement, celle du délégué à la protection des données s'il existe, les finalités du traitement, les données concernées, la base juridique. Toutefois, dans la situation où des données n'ont pas été collectées directement auprès de la personne concernée, l'obligation d'information demeure (identité, finalité, etc.) qui doit intervenir dans le délai d'un mois, avec en particulier mention de la source. Il devra lui-même dire *« s'il est envisagé de communiquer les informations à un autre destinataire* », afin d'assurer une traçabilité pleine et entière[44].

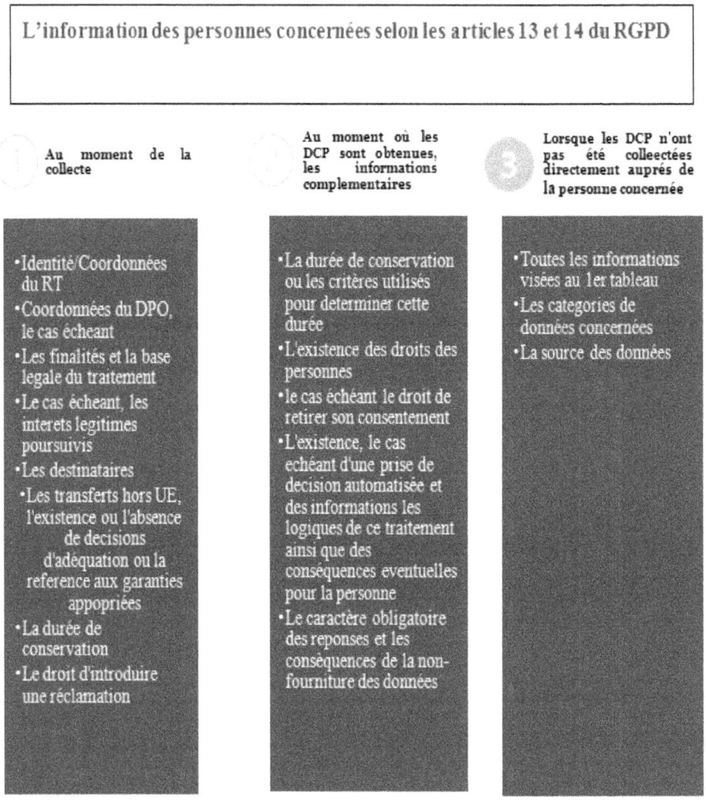

[44]Rees (M.), Le RGPD commenté ligne par ligne par consulte le 15 décembre 2020, https://www.nextinpact.com/article/28043/106135-le-rgpd-explique-ligne-par-ligne-articles-1-a-23

Les personnes concernées ont aussi la possibilité d'avoir un droit d'accès et de rectification de leurs données, conformément aux articles 15 et 16 du règlement.

En ce qui concerne le droit d'accès, c'est la possibilité pour la personne concernée d'avoir la confirmation que ses données ont fait l'objet d'un traitement ou non. En cas d'inexactitude ou d'incomplétude, le demandeur dispose du droit d'en obtenir la rectification.

Il ne s'agit pas de droits nouveaux : ils existent tant dans la loi française Informatique et Libertés du 6 janvier 1978[45] que dans la loi sénégalaise du 25 janvier 2008[46] relative à la protection des données à caractère personnel. Étant précisé que le RGPD raccourcit le délai imparti au responsable de traitement pour répondre à une sollicitation de la personne concernée de deux à un mois.

Selon l'article 21 du RGPD, les personnes concernées disposent d'un droit d'opposition à certains traitements. Tel est le cas des traitements impliquant des décisions automatisées. Ainsi, une personne peut s'opposer à faire l'objet d'une décision individuelle basée exclusivement sur un traitement automatisé lorsque celle-ci l'affecte de manière significative ou produit des effets juridiques la concernant (Article 22 RGPD).

---

[45] Ancienne disposition de l'article 39 reprise par le RGPD : la personne dispose notamment le droit d'obtenir du responsable de traitement la confirmation que les données à caractère personnel la concernant sont ou ne sont pas traitées.

[46]Article 62 et suivants.

En somme, pour tout traitement ayant pour but la prospection et / ou le profilage tout comme la publicité ciblée, la personne concernée peut exercer son droit d'opposition.

2. Les droits nouveaux en renfort des droits classiques : le droit à l'oubli, le droit à la portabilité et la limitation du traitement

Le droit à l'oubli et à l'effacement tel que visé à l'article 17 du règlement fait suite à l'arrêt de la CJUE *Google Spain* du 13 mai 2014[47]. La CJUE a considéré que Google est obligé, lorsque demande lui en est faite, de supprimer de la liste de résultats, affichée à la suite d'une recherche effectuée à partir du nom d'une personne, les liens vers des pages Web publiées par des tiers et contenant des informations relatives à cette personne, et ce, alors même que les informations préjudiciables figurent toujours sur le site d'origine[48].

En réalité, c'est bien un problème de contenu que l'on souhaite ici régler : en retirant l'indexation du contenu, celui-ci ne disparaît pas de la toile, mais devient presque introuvable.

Il s'agit d'une évolution du droit de suppression existant dans la réglementation antérieure à laquelle il fallait ajouter le droit au déréférencement résultant de l'arrêt précité permettant ainsi aux utilisateurs européens de demander que des résultats de recherche les concernant soient supprimés des index des moteurs de recherche, afin de mieux maîtriser leur e-réputation.

---

[47] Arrêt n° C-131/12 du 13 mai 2014, Google Spain SL et Google Inc. Contre Agencia Espanola de Proteccion de Datos et Mario Costeja Gonzalez.

[48] Sarr (R.), « Thèse de doctorat sur l'Impact du RGPD sur la pratique des entreprises françaises et sénégalaises », UCAD,2029, p.170

Lorsque les données ont été rendues publiques, une procédure de déréférencement sur les moteurs de recherche devra notamment être mise en place[49].

Ainsi la personne concernée est en droit d'exiger que ses données soient effacées dans les hypothèses suivantes :

- Les données ne sont plus nécessaires au regard des finalités poursuivies ;
- La personne concernée retire le consentement sur lequel est fondé le traitement, et aucun fondement légal n'existe ;
- La personne concernée s'oppose au traitement et il n'existe pas de motif légitime supérieur pour le responsable de traitement ;
- Les données à caractère personnel font l'objet d'un traitement est illicite ;
- Il existe une obligation légale d'effacer les données, à laquelle est soumis le responsable du traitement ;
- Les données à caractère personnel ont été collectées dans le cadre de l'offre de service de la société de l'information pour des enfants âgés de -16 ans.

[49] La CNIL a mis en place une foire aux questions décrivant les procédures de déréférencement propres aux différents moteurs de recherche : https://www.cnil.fr/fr/le-dereferencement-dun-contenu-dans-un-moteur-de-recherche.

Des exceptions demeurent quand le traitement de données est nécessaire :

- À l'exercice du droit à la liberté d'expression et d'information ;
- Au respect d'une obligation légale de traiter les données à laquelle le responsable est soumis pour des motifs légitimes ou pour exécuter une mission d'intérêt public dans le secteur de la santé publique à des fins d'archivage dans l'intérêt public ou à des fins de recherche scientifique ou historique ou à des fins statistiques ;

- À la constatation à l'exercice ou à la défense des droits en justice.

Bon à savoir : En pratique, le droit à l'oubli est aussi applicable si une personne a retiré son consentement à exercer son droit d'opposition.

Enfin, la personne concernée se voit conférer par le règlement un droit à la portabilité de ses données ; c'est l'une des grandes nouveautés de ce règlement bien qu'il existait déjà dans le secteur des télécommunications relativement à la portabilité du numéro de téléphone[50].

---

[50] Banck(A). & Schultis (C.), « Vadémécum de la protection des données personnelles pour le secteur bancaire et financier », éditions RB, 2018, p.67 et suivants.

Le droit à la portabilité des données est visé à l'article 20 du règlement. La personne concernée a le droit de transmettre à un responsable de traitement les données à caractère personnel la concernant, préalablement fournies à un autre responsable de traitement.

Cette transmission se fait dans un format structuré qui est couramment utilisé et lisible par une machine, sans que le responsable de traitement auquel les données à caractère personnel sont retirées n'y fasse obstacle lorsque le traitement est fondé sur le consentement ou sur un contrat et que le traitement est réalisé par des moyens automatisés.

L'exercice de ce droit ne fait pas obstacle au droit à l'oubli et à l'effacement des données. Il existe donc une possibilité de récupérer ses données gratuitement.

Cela aura pour conséquence pratique d'obliger les fournisseurs de services de communication en ligne de proposer au consommateur une fonctionnalité gratuite permettant la récupération de ses données. L'intérêt de la portabilité est que ces fichiers dont il est demandé le transfert sont réutilisables en l'état par le nouveau prestataire.

Le professeur Nathalie Martial Braz[51] attire notre attention sur le fait que le texte prévoit que ne pourront faire l'objet d'un droit à la portabilité que les données que les personnes concernées ont fournies à un responsable de traitement. Un

---

[51]Braz (N.M.), « Renforcement des droits de la personne concernée », Grand angle 2018, le RGDP, éditions Dalloz, p.194.

doute peut être permis quant à l'interprétation de cette condition.

Il peut en effet être considéré que sont exclues, de fait, toutes les données collectées dans le cadre de la navigation en ligne et qui n'ont pas été formellement « fournies ».

Mais ce n'est pas cette interprétation restrictive qui a été retenue par le Groupe de l'article 29[52], qui considère que le droit à la portabilité des données doit couvrir les données personnelles fournies consciemment et volontairement par la personne concernée, mais également celles qui sont générées par son activité.

Le CEPD [53] précise d'ailleurs que le droit à la portabilité ne saurait être limité aux seules informations communiquées directement par la personne concernée.

Ainsi, les craintes initiales suscitées par la rédaction sujette à interprétation du champ d'application du droit à la portabilité des données ne seront pas fondées si ces lignes directrices du G29 sont suivies par les juges.

Le règlement européen institue une série d'obligations auxquelles doivent se soumettre les entreprises et reconnaît

---

[52] Le droit à la portabilité (G29 du nom du groupement des autorités européennes de protection des données personnelles, Guidelines on the right to data portability annex, WP242, 13 déc. 2016, ci-après « lignes directrices » ou « WP242 »).

[53] Le Comité Européen de la Protection des Données (EDPB), nouveau nom du G29, est un organe européen indépendant qui contribue à l'application cohérente des règles en matière de protection des données au sein de l'Union européenne et encourage la coopération entre autorités de l'UE chargées de la protection des données (https://edpb.europa.eu/about-edpb/about-edpb_fr).

des droits aux personnes concernées de manière à protéger le plus efficacement possible les données personnelles.

À cela s'ajoutent les recours possibles pour les personnes concernées ainsi que les sanctions dissuasives encourues par les entreprises, prévues par le règlement européen.

Bon à savoir **:** Les données portables ne concernent que les données à caractère personnel ayant fait l'objet d'un traitement automatisé, à l'exclusion donc les données papiers. Ce qui met en lumière la nécessité de l'interopérabilité des formats de données entre acteurs. C'est-à-dire d'utiliser des formats standard qui peuvent être réutilisés par tous.

Autre droit consacré, **le droit à la limitation du traitement** : c'est le droit pour une personne de demander que les traitements effectués sur ses données soient limités. Il est visé aux articles 4.3 et 18 du RGPD, comme le marquage de données à caractère personnel conservé en vue de limiter leur traitement futur.

Ce droit est issu du droit au "verrouillage des données" existant dans la directive européenne de 1995. La personne concernée pouvait demander à verrouiller des données lorsqu'elles étaient inexactes, incomplètes, équivoques, périmées ou si leurs collecte, utilisation, communication ou conservation étaient interdites.

En instituant ce droit à la limitation, l'article 18 du RGPD permet à toute personne de demander que les traitements futurs effectués sur ses données soient limités dans les cas suivants[54] :

- Lorsqu'elle conteste l'exactitude des données, le temps que le responsable procède aux vérifications nécessaires ;

- Lorsque le traitement est illicite et que la personne s'oppose à leur effacement ;

- Lorsque la finalité du traitement a été atteinte, mais que la personne a besoin des données pour l'exercice de ses droits en justice et lors de l'examen d'une demande en opposition de la personne.

Comme le droit à l'oubli, le droit à la limitation n'est pas un droit autonome, il est conditionné à l'exercice d'autres droits comme le droit d'opposition et de rectification.

[54] https://www.privacy-regulation.eu/fr/18.htm

Synthèse des obligations générales et droits existants avec le RGPD

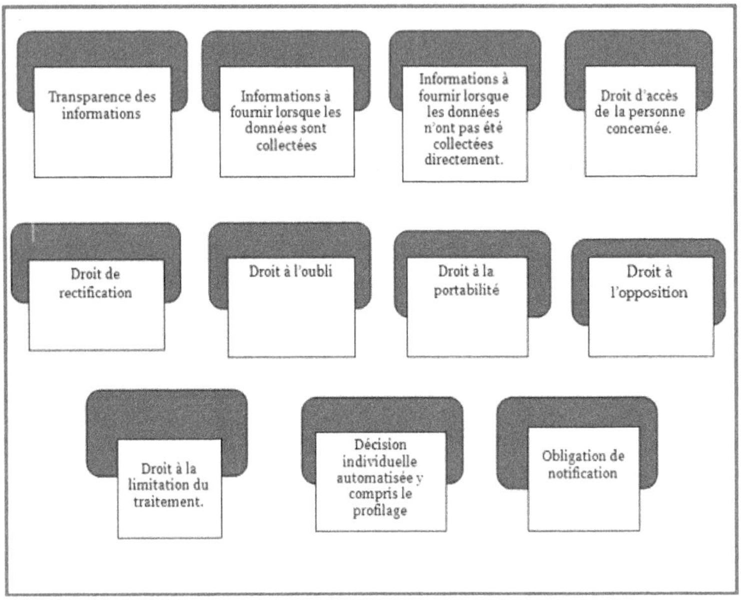

Cette infographie permet d'appréhender de manière non exhaustive différentes obligations à la charge du responsable de traitement afin d'atteindre son objectif de conformité. Sous ce rapport, différents outils de conformité doivent être mis en place pour garantir une bonne gouvernance des données à caractère personnel.

Chapitre III

Le pilotage de la conformité par le déploiement des règles de gouvernance des données

Le pilotage de la conformité suppose l'implémentation d'instruments de la conformité (Section 1) pouvant se combiner avec la gestion des événements touchant à la sécurité des données (Section 2).

Section 1 : Les instruments de la conformité

Afin de garder une trace documentaire de tous les traitements, le RGPD rend obligatoire l'implémentation des outils de la conformité, dont la tenue d'un registre des activités de traitement (1) ainsi que la réalisation d'une étude d'impact sur la vie privée (EIVP ou AIVP) (2), l'ensemble étant placé sous la supervision d'un nouvel acteur de la conformité : le Data Protection Officer (3).

1. Le registre des activités de traitement

Le registre des activités de traitement, permet à une entreprise de recenser de manière claire l'ensemble des traitements appliqués aux données.

Le RGPD met à la charge des responsables de traitement et des sous-traitants l'obligation de tenir un registre. Celle-ci est visée en son article 30 et précisée au considérant 82 du texte européen.

La tenue d'un registre ne s'applique pas à une entreprise comptant moins de 250 employés, sauf dans les cas suivants :

- Si le traitement qu'elles effectuent est susceptible de comporter un risque pour les droits et libertés des personnes concernées ;

- S'il n'est pas occasionnel ;

- S'il porte sur les catégories particulières de données suivantes : origine raciale ou ethnique, opinions politiques, convictions religieuses ou philosophiques, appartenance syndicale, données génétiques, données biométriques, données concernant la santé, données concernant la vie sexuelle ou l'orientation sexuelle ;

- S'il porte sur des données à caractère personnel relatives à des condamnations pénales et des infractions.

En pratique, même si une entité compte moins de 250 salariés, il est préférable de tenir un registre, car cela permet à la fois d'établir sa bonne conformité en interne, mais également à l'égard de l'autorité en cas de contrôle.

Les organismes traitant des données à caractère personnel sont donc astreints au respect de cette nouvelle obligation qui vient conforter l'obligation générale d'Accountability, permettant ainsi d'assurer la conformité tout au long du cycle de vie des données traitées.

Ainsi, la cartographie des données personnelles traitées et de leurs finalités est le point de départ de toute démarche de conformité pour un responsable de traitement. Cette cartographie est destinée à aboutir à la rédaction d'un registre de traitement, c'est-à-dire un ensemble de fiches décrivant les activités de traitement effectuées sous la responsabilité du responsable de traitement concerné.

Ce registre vient se substituer au précédent régime des formalités effectuées auprès de l'autorité de régulation (ex. déclarations, demandes d'autorisations, normes simplifiées, autorisations uniques, etc.). Ainsi, le recensement des formalités préalables effectuées auparavant par une entité auprès de la CNIL peut être un bon indicateur de l'existant.

Le registre des traitements doit comporter les informations suivantes :

- Le nom, les coordonnées du responsable de traitement, mais également ceux de son représentant si l'organisme n'est pas établi dans l'Union européenne et le cas échéant du délégué à la protection des données ;
- Les finalités de chacun des traitements effectués par le responsable de traitement ;
- Une description des catégories de personnes concernées et des catégories de données personnelles par traitement effectué ;
- Les catégories de destinataires des données par traitement effectué ;
- Le cas échéant, les transferts des données personnelles vers un pays hors UE, y compris l'identification de ce pays et des garanties appropriées mises en place pour couvrir ce transfert ;
- Dans la mesure du possible, les délais prévus pour l'effacement des différentes catégories de données ;
- Et une description générale des mesures de sécurité techniques.

Comme l'indique Alain Bensoussan[55], il est nécessaire pour les responsables de traitement d'avoir une connaissance suffisamment documentée de leurs activités de traitement des données pour en assurer une protection efficace.

Bon savoir : Attention, le sous-traitant doit désormais également tenir un registre.

Les traitements de données comportent des risques pour les droits et libertés des personnes, il est désormais obligatoire de mettre en place une étude d'impact.

---

[55] Ouvrage intitulé « Règlement européen sur la protection des données » sous la direction d'Alain Bensoussan avec la participation de Cécile Avignon Virginie Bensoussan Brule Chloé Torres, éditions Larcier, 2018, p.211.

2. Les études d'impact sur la vie privée (EIVP ou AIVP)

Le RGPD intègre une approche par les risques. En application de ce principe, les entreprises sont tenues de mettre en place une vigilance adaptée au niveau de risque présenté par les traitements. En cela, l'analyse d'impact ou étude d'impact dénommée *PIA* en anglais (*Privacy Impact Assessment)* est un outil d'analyse de risques important pour la responsabilisation des organismes tant qu'elle aide à construire des traitements de données respectueuses de la vie privée. Selon le CEPD, une AIVP est un processus qui vise à assurer la conformité aux règles et à pouvoir en apporter la preuve. La réalisation obligatoire d'une AIVP est prévue pour les traitements à risque susceptibles d'engendrer un risque élevé pour les droits et libertés des personnes.

Pour les traitements à risques (RGPD, art. 35). Lorsqu'un traitement est susceptible d'engendrer un risque élevé pour les droits et libertés des personnes, le responsable de traitement doit effectuer une analyse d'impact pour évaluer l'origine, la nature, la particularité et la gravité de ce risque. À noter qu'une seule et même analyse peut porter sur un ensemble d'opérations de traitement similaires qui présentent des risques élevés. Le responsable de traitement demande conseil au Délégué à la protection des données (DPD), lorsque celui-ci a été désigné.

Cas concret : Dans le cas d'un traitement de données à caractère d'images de vidéosurveillance dans un centre commercial, si on se réfère aux critères de mise en œuvre d'une AIVP, il faut retenir que « *la surveillance systématique à grande échelle d'une zone accessible au public*[56] » relève de l'AIVP en raison des caractéristiques dudit traitement. A cet egard, si les caméras filment par exemple les espaces d'entrée et de sortie, il faudra dans ce cas s'interroger sur la nécessité d'effectuer une AIVP qui permettra d'évaluer la proportionnalité du dispositif envisagé au regard des finalités poursuivies[57]. Par ailleurs, il est important de souligner que bien que l'AIVP soit une charge supplémentaire, elle vise à permettre aux responsables de traitement d'identifier et de traiter des risques qui n'auraient pas été détectés en d'autres temps et d'empêcher des violations qui se seraient autrement produites[58]. Dans la mesure où, elle doit être mise en place avant la mise en œuvre du traitement et doit aussi être revue régulièrement afin de limiter les risques d'atteintes aux droits et libertés des personnes, il est nécessaire de faire participer à l'analyse toutes les parties prenantes.

Selon la CNIL, l'AIVP doit reposer sur deux piliers importants : d'une part, l'évaluation juridique de la nécessité et de la proportionnalité concernant les principes et droits fondamentaux (finalité, données et durées de

---

[56] Cf. art. 35-1 RGPD

[57] https://www.cnil.fr/fr/la-videosurveillance-dans-les-commerces

[58] Guide pratique - les avocats et le règlement général sur la protection des données (RGPD), Conseil national des barreaux, www.cnb.avocat.fr

conservation, information et droits des personnes, etc.) qui sont fixés par le règlement et doivent être respectés.

D'autre part, une étude des risques sur la sécurité des données (abus, accès aux données personnelles, disparition des données…).

L'analyse d'impact doit (i) décrire les opérations de traitement et les finalités, y compris, le cas échéant, l'intérêt légitime poursuivi par le responsable du traitement ; (ii) évaluer la nécessité et la proportionnalité des opérations de traitement au regard de la finalité ; (iii) évaluer les risques pour les droits et libertés des personnes concernées ainsi que (iv) les mesures envisagées pour faire face aux risques, y compris les garanties, mesures et mécanismes de sécurité visant à assurer la protection des données à caractère personnel et à apporter la preuve du respect du présent règlement, compte tenu des droits et des intérêts légitimes des personnes concernées et des autres personnes affectées.

Selon le G29, on retrouve dans l'analyse d'impact certains composants du *Risk management,* notamment ceux de la norme *ISO 31000*. Il s'agit notamment d'établir le contexte, d'identifier, d'analyser, d'évaluer et de traiter le risque.

En fonction des résultats de cette analyse, des mesures techniques appropriées devront être prises par le responsable de traitement pour limiter ces risques (réduction du volume des données traitées, anonymisation ou pseudonymisation, recours au *Privacy-by-Design*, délais impartis pour l'effacement des données…) ou, lorsqu'il ressort de l'analyse que les risques soulevés ne peuvent être atténués compte tenu des techniques disponibles et des coûts liés à leur mise en œuvre, l'autorité de contrôle devra être consultée avant la mise en œuvre du traitement. Celle-ci disposera de tous les pouvoirs prévus à l'article 58 du règlement 2016/679 (pouvoirs d'enquête, pouvoirs d'adopter des mesures correctrices, pouvoirs de conseiller le responsable de traitement, etc.). Sans doute, certaines zones d'ombres restent à définir. Il appartient à chaque autorité nationale d'apporter des précisions à ce sujet.

La CNIL a, quant à elle, publié une infographie et une foire aux questions pour apporter des précisions [59]. Elle a également développé un logiciel libre, *PIA* (*Privacy Impact Assessment*), disponible en français et en anglais pour accompagner les professionnels dans leur démarche d'analyse d'impact[60].

Le schéma suivant illustre le processus générique suggéré pour la réalisation d'une AIPD, il convient de souligner que le processus décrit ici est itératif dans la pratique, chacune des étapes devra probablement être réexaminée plusieurs fois avant que l'AIPD ne puisse être finalisée.

---

[59]G29, Lignes directrices sur les DPIA, 18 oct. 2017.

[60] Cnil, « Outil PIA : téléchargez et installez le logiciel de la CNIL », 31 oct. 2019. https://www.cnil.fr/fr/publication-des-lignes-directrices-du-g29-sur-les-dpia

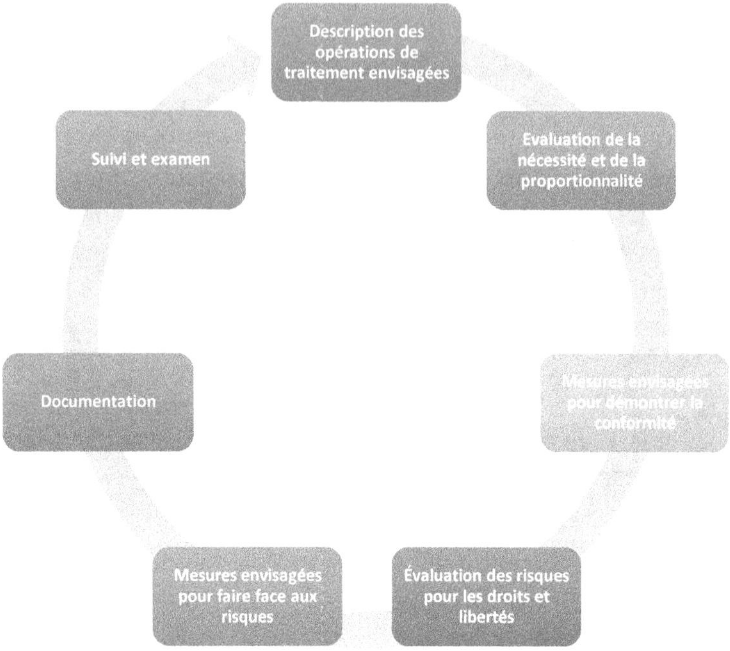

Figure 5 : les différentes étapes d'une analyse d'impact sur la vie privée

Source : Lignes directrices WP248, rev.01, 4 octobre 2017

Cas pour lesquels l'analyse d'impact est obligatoire.

Une analyse d'impact doit être déclenchée en application des critères définis directement par le RGPD et des lignes directrices du G29[61] repris par la CNIL[62], mais aussi en fonction de la liste des traitements définis par celle-ci[63].

À la lecture de l'article 35.3 du RGPD, l'analyse d'impact est obligatoire (i) en cas de recours à un traitement automatisé (profilage notamment) et sur la base duquel sont prises des décisions produisant des effets juridiques sur une personne physique ou l'affectant de manière significative (ii) en cas de traitement à grande échelle de données, en cas de données sensibles (qui révèlent l'origine raciale ou ethnique, les opinions politiques, les convictions religieuses ou philosophiques, l'appartenance syndicale…) ou de données relatives à des infractions ou à des condamnations pénales (iii) en cas de surveillance systématique à grande échelle de l'espace public[64].

Au-delà de ces trois critères résultant directement du RGPD, le G29 a identifié **neuf critères qui, lorsqu'au moins deux d'entre eux sont réunis, nécessitent que le traitement en**

---

[61] G29, Lignes directrices concernant l'analyse d'impact relative à la protection des données (AIPD) et la manière de déterminer si le traitement est « susceptible d'engendrer un risque élevé » aux fins du règlement (UE) 2016/679, 4 avr. 2017 mod. 4 oct. 2017.

[62] Cnil, délib. n° 2018-326, 11 oct. 2018 portant adoption de lignes directrices sur les analyses d'impact relatives à la protection des données (AIPD) prévues par le règlement général sur la protection des données (RGPD).

[63] Cnil, délib. n° 2018-327, 11 oct. 2018 portant adoption de la liste des types d'opérations de traitement pour lesquelles une analyse d'impact relative à la protection des données est requise

[64] Analyse Praxis Cyberdroit, Dalloz.fr

cause fasse l'objet d'une analyse d'impact. Ces critères sont les suivants :

(i) évaluation /*scoring* : par exemple pour l'obtention de prêts ;

(ii) décision automatique avec effet légal ou similaire ;

(iii) surveillance systématique : tous les systèmes de vidéoprotection sont donc concernés ;

(iv) collecte de données sensibles ou données à caractère hautement personnel : sont concernées les données qui identifient l'origine raciale ou ethnique, les opinions politiques, religieuses ou philosophiques, l'appartenance syndicale, les données génétiques et biométriques, les données concernant la santé et l'orientation sexuelle. Le G29 ajoute à cette énumération les *« données qui de manière générale peuvent être considérées comme augmentant les risques possibles d'atteinte aux droits et libertés des personnes »*, c'est-à-dire les données de communication électronique, de géolocalisation, financières, d'activités personnelles… Sont visés les services de *Cloud* hébergeant des agendas, des documents, des courriels, etc.

(v) collecte de données personnelles à large échelle : cette notion est en fonction du nombre de personnes concernées, du volume de données, de la durée du traitement, de la couverture géographique du traitement) ;

(vi) croisement de données ;

(vii) personnes vulnérables (patients, personnes âgées, enfants, etc.) ;

(viii) usage innovant (utilisation d'une nouvelle technologie) : l'internet des objets est concerné ;

(ix) exclusion du bénéfice d'un droit/contrat.

Conformément à l'article 35.4 du RGPD, la CNIL a par ailleurs publié une liste des traitements pour lesquels une analyse d'impact pour les données est obligatoire. Cette liste contient **une série de 14 opérations de traitement,** parmi lesquelles les « *traitements de profilage faisant appel à des données provenant de sources externes* » ou les « *traitements ayant pour finalité de surveiller de manière constante l'activité des employés concernés* », dont la mise en œuvre nécessite l'accomplissement préalable d'une analyse d'impact.

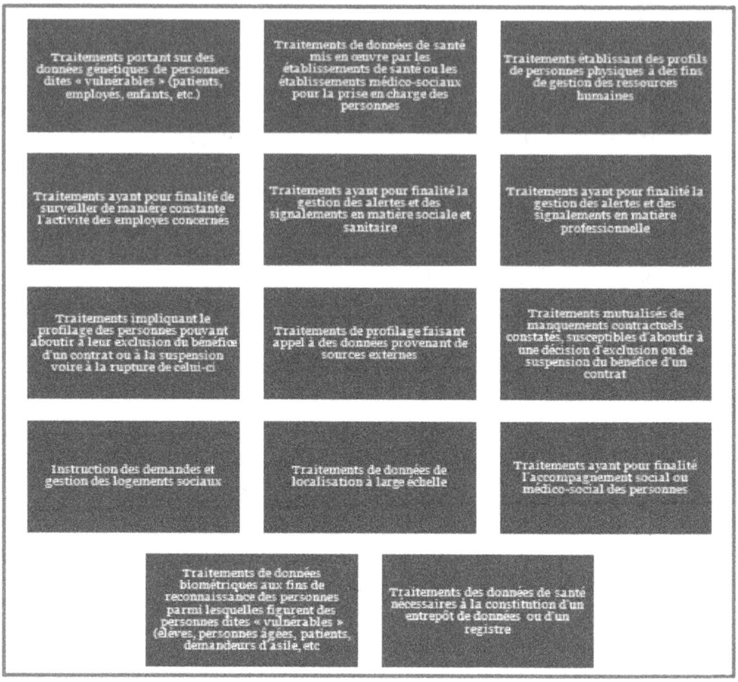

Figure 6 : les types de traitements pour lesquels l'AIVP est requise (liste non exhaustive), source Délib CNIL, 6 novembre 2018, https://www.cnil.fr/sites/default/files/atoms/files/liste-traitements-aipd-requise.pdf.

En définitive, l'AIVP en tant qu'outil de la conformité RGPD est intimement liée à la notion de traitements à risques. Selon l'Autorité de contrôle belge[65], la notion de risque élevé « *renvoie aux traitements de données qui sont ou pourront être susceptibles d'avoir des incidences négatives sensibles pour les libertés et droits fondamentaux*

---

[65] Recommandation d'initiative concernant l'analyse d'impact relative à la protection des données et la consultation préalable n°01/2018 du 28 février 2018

des personnes physiques ».Toutefois, la notion de "risque élevé" est relativement floue et c'est d'ailleurs dans la doctrine de la CEPD et de la CNIL que des précisions voire interprétations vont pouvoir permettre aux responsables de traitement de jauger de l'opportunité de déclencher une analyse d'impact.

Bon à savoir : La réalisation d'une AIVP nécessite l'élaboration de méthodologies permettant de l'intégrer concrètement dans la stratégie de gouvernance des données [66]. En cela, elle peut mobiliser à la fois des compétences juridiques et techniques.

3. Le Chef d'orchestre des instruments de la conformité : le Data Protection Officer (DPO ou DPD)

Le RGPD introduit un nouvel acteur : le Data Protection Officer (DPO) qui succède au Correspondant Informatique et Libertés. Sa désignation est obligatoire pour le secteur public et dans le secteur privé, lorsque les activités de base de l'entreprise sont liées aux traitements des données consistant en des opérations exigeant un suivi régulier et systématique à grande échelle des personnes ou consistant en des traitements à grande échelle de données sensibles ou à risque.

---

[66] Le règlement européen sur la protection des données sous la direction d'Alain Bensoussan avec la participation de Cécile Avignon, Virginie Bensoussan Brule &Chloé Torres, éditions Larcier, p 241.

Les obligations et conditions de désignation du délégué à la protection des données (DPO) sont définies à l'article 37 du RGPD aux § 1 & 2.

La désignation d'un DPO est obligatoire lorsque :

- Le traitement est effectué par une autorité publique ou un organisme public, à l'exception des juridictions agissant dans l'exercice de leur fonction juridictionnelle ;

- Les activités de base du responsable du traitement ou du sous-traitant consistent en des opérations de traitement qui, du fait de leur nature, de leur portée et/ou de leurs finalités, exigent un suivi régulier et systématique à grande échelle des personnes concernées ;

- Les activités de base du responsable du traitement ou du sous-traitant consistent en un traitement à grande échelle de catégories particulières de données visées à l'article 9 et de données à caractère personnel relatives à des condamnations pénales et à des infractions visées à l'article 10.

Il est à noter, ainsi que le rappelle à juste titre l'avocat spécialisé en droit des nouvelles technologies Alain Bensoussan, que le critère à partir duquel la désignation du DPO est obligatoire n'est pas fondé sur la taille de l'entreprise, mais plutôt sur les risques encourus, notamment le type d'activités de l'entreprise (principalement ou accessoirement dédiées aux traitements de données), l'importance des traitements de données et catégories de données traitées ainsi que le type de traitements et le nombre de personnes dont les données sont traitées[67].

Un groupe d'entreprises peut désigner un seul délégué à la protection des données à condition que la personne désignée soit facilement joignable par toutes les entités du groupe. (Article 37.2 RGPD).

Le DPO est un acteur incontournable de la conformité RGPD, il doit donc être associé à toutes les phases des projets de traitements impliquant les données à caractère personnel et relevant de la vie privée. En revanche, pour éviter tout conflit d'intérêt, le délégué ne peut occuper une fonction au sein de l'organisme qui le conduit à déterminer les finalités et moyens d'un traitement.

Les missions du délégué couvrent donc l'ensemble des traitements mis en œuvre par l'organisme qui l'a désigné.

« Chef d'orchestre » de la conformité en matière de protection des données au sein de son organisme, en vertu de l'art. 39 RGPD, le délégué à la protection des données est principalement chargé :

• d'informer et de conseiller le responsable de traitement ou le sous-traitant, ainsi que leurs employés ;

• de contrôler le respect du règlement et du droit national en matière de protection des données ;

• d'identifier et répertorier les traitements ;

---

[67]Le règlement européen sur la protection des données sous la direction d'Alain Bensoussan avec la participation de Cécile Avignon Virginie Bensoussan Brule Chloé Torres, Ed Larcier, p 241.

• d'analyser et contrôler leur conformité ;

• de formuler des recommandations ;

• de notifier les violations de données ;

• de conseiller l'organisme sur la réalisation d'une analyse d'impact relative à la protection des données et d'en vérifier l'exécution. Le DPO sera nécessairement impliqué dans les analyses d'impact ;

• de coopérer avec l'autorité de contrôle et d'être le point de contact de celle-ci ainsi que le point de contact des personnes concernées.

Les lignes directrices détaillent[68] le rôle du délégué en matière de contrôle, d'analyse d'impact et de tenue du registre des activités de traitement à la condition qu'il soit missionné pour le faire. La CNIL a mis en place un référentiel pour certifier les DPO.

Bon à savoir : Le DPO doit être en mesure d'exercer ses missions en toute indépendance. Le responsable de traitement et le sous-traitant doivent veiller à ce qu'il ne reçoive aucune instruction en ce qui concerne l'exercice de ses missions. Il ne peut être démis de ses fonctions, mais engage sa responsabilité pénale le cas échéant.

---

[68] https://www.cnil.fr/fr/devenir-delegue-la-protection-des-donnees, visité le 15/11/2020 -G29, Lignes directrices concernant les délégués à la protection des données (DPD), Version révisée et adoptée le 5 avril 2017

À côté de ces outils de la conformité précédemment étudiés, il existe d'autres outils sectoriels de pilotage et de démonstration de la conformité, faisant intervenir différents acteurs. Il s'agit concrètement de :

- La certification, qui est l'assurance écrite qu'un produit, service ou compétence est en conformité avec certaines normes ;

- Le Code de conduite en tant que recueil des bonnes pratiques d'un secteur d'activités ou de catégories de traitement de données (Infographie - Le code de conduite (cnil.fr) ;

- Un label équivalent à un logo ou un symbole indiquant que la conformité à un référentiel a été vérifiée.

L'encouragement par le RGPD à l'élaboration de Codes de conduites et à la mise en place de mécanismes de certification, labels et marques en matière de protection des données est visé par les articles 40 et 41 du RGPD. Ces Codes sont rédigés par des associations ou d'autres organismes représentant des catégories de responsables du traitement ou de sous-traitant. Avec le contrôle des règles procédurales, l'autorité de contrôle juge de la conformité au règlement, enregistre et publie les documents de certification et les Codes de conduite. Ainsi, plusieurs utilisations des Codes de conduites et certification sont possibles pour respecter notamment le Privacy by Design, l'analyse d'impact et même les transferts de données vers des pays hors UE. Il est donc possible de soumettre les Codes de conduite appliqués dans le privé à un organisme spécialisé et agréé par l'autorité de contrôle selon une liste d'exigences bien prédéfinies.

Les mécanismes de certification approuvés permettent aux responsables de traitement et sous -traitants de démontrer :

- Que les opérations de traitement qu'ils mettent en œuvre respectent les principes du RGPD ; notamment l'*Accountability*, (42, § 1) ;
- Le respect des exigences prévues en matière de sécurité des traitements (32, § 3) ;
- Qu'ils fournissent des garanties appropriées dans le cadre des transferts de données à caractère personnel :
    - Lorsqu'ils ne sont pas situés au sein de l'UE et qu'ils prennent l'engagement contraignant et exécutoire, au moyen d'instruments contractuels ou d'autres instruments juridiquement contraignants, d'appliquer ces garanties, y compris en ce qui concerne les droits des personnes concernées (42, § 2 et 46, § 2) ;
- Le respect des exigences relatives à la protection des données dès la conception et la protection des données par défaut (25, § 3) et l'existence de garanties suffisantes quant à la mise en œuvre de mesures techniques et organisationnelles appropriées (28, § 5).

Outre le respect des règles juridiques, le responsable de traitement se doit également de s'assurer de la sécurité des traitements de données au moyen de mesures techniques et organisationnelles. La sécurité et la confidentialité des données à caractère personnel sont essentielles pour prévenir tout effet négatif pour la personne concernée.

Section 2 : La gestion des événements touchant à la sécurité des données

Les données personnelles constituent la cible privilégiée des cybercriminels en raison de leur forte valeur ajoutée, par conséquent le RGPD a instauré une obligation générale de sécurité dans son article 32. Ainsi, les responsables en charge du traitement doivent notamment prendre les mesures nécessaires pour garantir la confidentialité des données collectées et éviter leur divulgation à des tiers non autorisés.

Le RGPD met à la charge des entreprises l'obligation de procéder à une notification en cas de failles de sécurité (1). Il est impératif de mettre en place des *process* permettant d'anticiper les incidents de sécurité (2).

1. La notification des violations de données à caractère personnel

Selon l'article 5§ 2 du RGPD, « *le responsable du traitement est responsable du respect des principes fondamentaux visés au paragraphe 1 du RGPD, et est en mesure de démontrer que celui-ci est respecté* ».

L'Accountability suppose deux choses : être responsable et pouvoir le démontrer à tout moment. La tenue d'un registre des violations de données à caractère personnel contenant les minutes des évènements ainsi que les plans d'action en cours et à venir est donc un indispensable pour gérer les conséquences d'une faille de sécurité.

Le responsable de traitement doit par conséquent être en mesure de prouver qu'il a pris toutes mesures raisonnablement susceptibles d'être mises en œuvre pour éviter les violations de données, en plus de rapporter la preuve qu'il a correctement réagi aux violations de données survenues.

Avant le RGPD, les directives européennes imposaient seulement aux organisations d'informer les autorités compétentes en cas d'accès non autorisé à des données personnelles.

Le RGPD, au visa de l'article 32, institue une obligation de notification des violations de données, les responsables de traitement étant tenus de signaler tout événement en moins de 72 heures. Il s'agit concrètement des *Data Breach notification.* Bien que les technologies, comme le chiffrement, offrent désormais davantage de possibilités pour assurer la sécurité du traitement, les violations de données restent un phénomène courant. Les causes peuvent aller d'erreurs accidentelles commises par des personnes travaillant au sein d'une organisation à des menaces extérieures, comme des hackeurs ou des organisations actives dans la cybercriminalité[69].

Le sous-traitant, s'il n'est pas astreint au respect du délai de 72 heures comme c'est le cas du responsable de traitement, il doit néanmoins notifier à ce dernier toute violation de données à caractère personnel dans les meilleurs délais après en avoir pris connaissance.

---

[69] Manuel de droit européen en matière de protection des données édité par le Conseil de l'Europe et la Cour européenne des droits de l'homme, édition 2018, p.190.

Ainsi, dans la logique du principe de responsabilisation de tous les acteurs en charge de la donnée, l'article 32 du RGPD indique que «*compte tenu de l'état des connaissances, des coûts de mise en œuvre et de la nature, de la portée, du contexte et des finalités du traitement ainsi que des risques, dont le degré de probabilité et de gravité varie, pour les droits et libertés des personnes physiques, le responsable du traitement et le sous-traitant mettent en œuvre les mesures techniques et organisationnelles appropriées afin de garantir un niveau de sécurité adapté au risque*».

De prime abord, l'article 32 nous donne une indication de la violation de la sécurité se caractérisant par la destruction, la perte, l'altération, la divulgation non autorisée de données à caractère personnel transmises, conservées ou traitées d'une autre manière, ou l'accès non autorisé à de telles données, de manière accidentelle ou illicite.

Il s'agit donc de tout incident de sécurité, d'origine malveillante ou non, et se produisant de manière intentionnelle ou non, ayant comme conséquence de compromettre l'intégrité, la confidentialité ou la disponibilité de données personnelles.

Exemples :

- Suppression accidentelle de données médicales conservées par un établissement de santé et non sauvegardées par ailleurs ;

- Perte d'une clef USB non sécurisée contenant une copie de la base client d'une société

- Introduction malveillante dans une base de données scolaires et modification des résultats obtenus par les élèves.

Les obligations des responsables du traitement concernant les violations de données personnelles[70], et notamment leur notification à l'autorité de contrôle et aux personnes concernées, sont prévues dans le texte européen.

Dans le cas d'une violation de données à caractère personnel[71], l'organisme doit porter à la connaissance de l'autorité de contrôle compétente la violation en question. À ce titre, la CNIL a mis en place un téléservice où les éléments suivants doivent être renseignés :

- La nature de la violation ;

- Si possible, les catégories et le nombre approximatif de personnes concernées par la violation ;

- Les catégories et le nombre approximatif d'enregistrements de données à caractère personnel concernés ;

- Décrire les conséquences probables de la violation de données ;

- Décrire les mesures prises ou envisagées afin d'éviter que cet incident se reproduise ou afin d'en atténuer les éventuelles conséquences négatives.

Ainsi, un incident doit être rapporté à l'autorité de contrôle et à la personne concernée, au moins 72 heures après en avoir pris connaissance. Toutefois, les organisations peuvent se soustraire à l'obligation si la violation de

---

[70]https://www.cnil.fr/fr/definition/violation-de-donnees

[71]Hennion (R.) &Makhlouf (A), « Ouvrage unique pour les managers-Cybersécurité », éditions Eyrolles, 2017, p.97.

données personnelles n'engendre pas de risques élevés pour les libertés et droits des personnes physiques. Cependant, la gestion des incidents ne permet pas d'évaluer les risques pour les droits et libertés des personnes physiques, il est recommandé de mettre en place des registres de notification par défaut qui n'incluent aucune donnée personnelle.

Les organisations doivent, en tout état de cause, se préparer à formaliser des rapports ou registres de notification des évènements de la sécurité.

Dans la même logique que le RGPD, la Convention 108 modernisée prévoit que les parties contractantes doivent, à tout le moins, imposer aux responsables du traitement de notifier à l'autorité de contrôle compétente les violations de données susceptibles de porter gravement atteinte aux droits des personnes concernées. Cette notification doit avoir lieu « sans délai[72] ». Ainsi, en raison des risques et du contexte propres à chaque entreprise, il est nécessaire de combiner les mesures techniques, fonctionnelles et organisationnelles afin d'anticiper les incidents de sécurité.

---

[72] Convention 108 modernisée, art. 7, para. 2 ; Rapport explicatif sur la Convention 108 modernisée, p. 64-66.

2. La mise en place de *process* permettant d'anticiper les incidents de sécurité

Afin de s'assurer et de pérenniser la sécurité des données, différentes politiques d'anticipation doivent être mises en place :

- Une charte d'utilisation des TICs ;
- Une politique de conformité aux normes et à la règlementation ;
- Une politique d'habilitation, d'accès aux données et procédure arrivée, mutation et départ de collaborateurs ;
- Une politique de sécurité des systèmes d'information ;
- Un audit régulier de sécurité :
- Une gestion des vulnérabilités (test d'intrusion, test de forçage, *pentest et* exercices de reprise d'activités) ;
- Une revue régulière des risques ;
- Une procédure de communication des données à des tiers ;
- Une procédure de contrôle en cas mission de contrôle sur place de l'autorité de régulation des données.

Il est à ajouter que dans le cadre de la standardisation des normes ISO. La famille de normes ISO/IEC 27000 permet aux organisations qui y adhèrent volontairement d'assurer la sécurité de leurs informations. Ainsi, les normes ISO 27001 et ISO 27002 permettent de traiter des questions de gouvernance, de risques et de conformité liées à la sécurité des données.

Bon à savoir : Il est fortement recommandé de mettre en place une procédure relative à la notification des violations de données afin de réagir dans les délais courts imposés notamment par le règlement, ainsi qu'une cellule de crise et des mesures d'urgence pour remédier aux violations et en atténuer les conséquences. Pour répondre à ces exigences de sécurité, il est primordial de mettre en place des mesures permettant de réagir en cas d'atteintes sur la disponibilité, l'intégrité ou la confidentialité des données.

Conclusion partielle :

La mise en œuvre d'une démarche de conformité oblige les organisations à mettre en place des règles de gouvernance (licéité, finalité déterminée, durée de conservation limitée et respect des droits des personnes). Cela suppose, selon les cas, de repenser la gouvernance globale en y incluant une véritable culture et une meilleure organisation de la *data* en tant que valeur de l'entreprise. Fondamentalement, le registre des traitements est un outil de supervision qui va permettre d'organiser la collecte de la donnée et de sa gestion. Pour davantage maîtriser le parcours de la donnée personnelle, l'implémentation des mesures techniques et organisationnelles est indispensable afin de pouvoir piloter l'usage de la donnée dans le cadre d'une politique de gouvernance.

Le concept de Privacy by Design permet au DPO de traduire de manière fonctionnelle les obligations de sécurité et de confidentialité dès la conception du traitement. La finalité d'une gouvernance des données est de faire face aux contraintes du RGPD, non seulement centrées sur les données à caractère personnel, mais aussi sur les risques liés aux activités de l'entreprise.

Pour les entreprises africaines, le RGPD ne modifie pas en tant que tel le paradigme de la sécurité informatique. Des bonnes pratiques tirées des normes ISO ou dans le cadre des politiques générales des systèmes d'information leur servent de *guidelines* pour sécuriser leurs infrastructures et systèmes applicatifs abritant la donnée.

Une des nouveautés instituées par le RGPD, est que ses règles et principes s'appliquent à des traitements indépendamment de la nationalité ou du lieu de résidence des personnes physiques situées sur le territoire de l'UE. Ainsi, la vocation extraterritoriale du texte européen tout comme les nouvelles responsabilités vont conduire inexorablement les entreprises africaines à prendre des mesures efficaces pour une bonne prise en charge des exigences du RGPD.

La transmission transfrontalière de données d'une entité à un autre prestataire, comme c'est le cas de transfert de données hors UE pose la problématique de l'encadrement de ces flux de données personnelles. Les responsables du traitement et les éventuels sous-traitants doivent considérer que le transfert de données renvoie normalement aux éléments suivants[73] : «*la communication, la divulgation ou la mise à disposition par d'autres moyens de données à caractère personnel par un expéditeur relevant du règlement et conscient que le ou les destinataires y auront accès ou agissant dans cette intention* ».

Les entreprises africaines qui veulent être compétitives à l'égard des partenaires européens se doivent d'adapter leurs pratiques de la conformité en respectant les obligations afférentes aux flux transfrontaliers.

---

[73] Contrôleur européen de la protection des données (EDPS), document d'orientation « Le transfert de données à caractère personnel à des pays tiers et à des organisations internationales par les institutions et organes de l'Union européenne », 14 juillet 2014, p. 7, https://edps.europa.eu/sites/edp/files/publication/14-07-14_transfer_third_countries_en.pdf (le règlement évoqué par l'EDPS dans cette définition est le règlement (CE) 45/2001 mais la définition donnée peut être transposée dans le cadre du RGPD).

Chapitre IV

La gestion des flux transfrontaliers de données

La portée extraterritoriale du RGPD (Section 1) impose la mise en place d'outils pour encadrer la circulation des données à caractère personnel hors Union européenne (Section 2).

Section 1 : Les conséquences de l'application extraterritoriale du RGPD

Il est à noter que l'application du RGPD concerne toutes les données personnelles se rapportant à des personnes physiques identifiées ou identifiables, à l'exclusion des personnes morales. Concernant l'activité de traitement, le règlement ne fait pas de distinction selon qu'il s'agit d'un traitement mis en œuvre par une personne physique ou une personne morale de droit public ou privé. L'analyse du champ d'application territorial du RGPD (1) met en lumière les conséquences de l'applicabilité de ses dispositions aux entreprises non européennes (2).

1. Le champ d'application territorial du RGPD

Pour rappel, le RGPD s'applique aux entreprises, aux organismes publics et aux associations, quelles que soient leur taille ou leur activité, dès lors qu'ils traitent de données personnelles de personnes physiques se trouvant sur le territoire de l'Union européenne. Dès lors, le texte s'applique donc aux traitements de données à caractère personnel automatisés ou non.

Toutefois, depuis l'entrée en application du RGPD au 25 mai 2018, les entreprises qui ne sont pas situées dans l'un des États membres de l'Union européenne s'interrogent quant à l'application du règlement à leurs activités portant sur les données personnelles.

Il convient tout d'abord d'analyser le champ d'application territorial du RGPD, afin de déterminer quelles entités sont concernées et/ou quelles activités de traitement doivent être prises en compte pour répondre aux critères prévus à l'article 3 du RGPD.

Le RGPD a été conçu pour s'appliquer principalement aux entités agissant en tant que responsable de traitement ou sous-traitant, dont le siège social est situé au sein de l'UE.

L'article 3 du RGPD définit ainsi le champ d'application territorial du règlement sur la base de deux critères principaux : *le critère d'établissement* et *le critère de ciblage*.

Il est à noter que la notion d'établissement visée à l'article 3§1 du RGPD « *suppose l'exercice effectif et réel d'une activité au moyen d'un dispositif stable* ». Étant précisé que les lignes directrices du G29 continuent de faire référence à l'interprétation retenue dans l'arrêt Weltimmo du 1^{er}octobre 2015 rendu par la Cour de justice de l'Union européenne (CJUE) en application de la directive 95/46. Celle-ci a en effet considéré que la présence d'un seul représentant peut suffire pour constituer un établissement, si ce représentant agit avec un degré de stabilité suffisant à la fourniture des services concernés.

Au vu de cette interprétation très large, ce critère peut être la source d'un important contentieux, notamment pour les entreprises africaines et leurs partenaires situés dans l'espace européen.

Le second critère, celui du ciblage, est l'une des nouveautés du RGPD, visé en son article 3§ 2. Il s'applique aux organismes qui n'ont pas d'établissement dans l'UE, mais qui :

- Offrent des biens ou des services à des personnes concernées dans l'Union, qu'un paiement soit exigé d'elles ou non ;

Où

- Procèdent au suivi du comportement de ces personnes, dans la mesure où il s'agit d'un comportement qui a lieu au sein de l'Union.

Seront ainsi prises en compte toutes les activités liées au suivi des comportements, tels que le profilage ou la prédiction, dès lors qu'elles ciblent des personnes physiques se trouvant dans l'UE. Toutefois, l'application du critère de ciblage n'est pas limitée par la citoyenneté, le lieu de résidence ou tout autre type de statut juridique de la personne concernée dont les données personnelles sont traitées[74].

---

[74]EDPB, lignes directrices n° 3/2018, p. 16-17

Ainsi, toute personne physique située sur le territoire de l'UE bénéficie des dispositions du RGPD. De même, toute organisation offrant des biens et des services ou procédant au suivi de comportement en ligne de résidents européens doit respecter ce dispositif.

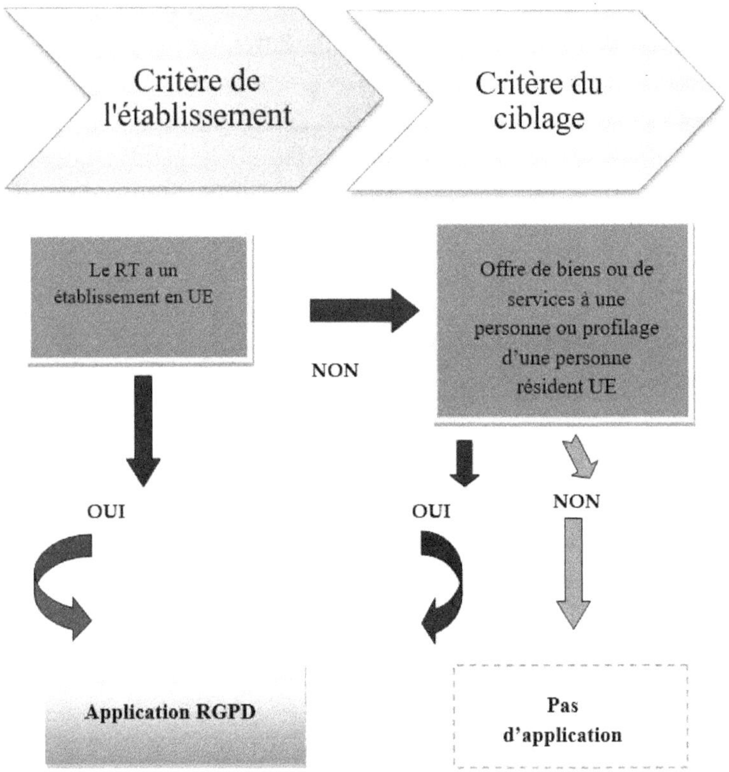

Figure 8 : Synthèse des critères d'application du RGPD (source : Alain Bensoussan Cabinet Avocats Lexing)

En plus des critères de l'établissement et du ciblage, l'article 3 du RGPD prévoit qu'entrent dans son champ d'application territorial les traitements de données personnelles réalisés par un responsable du traitement qui n'est pas situé dans l'UE, mais dans un lieu où le droit d'un État membre s'applique en vertu du droit international public (par exemple, les traitements de données mis en œuvre par les ambassades ou consulats situés hors de l'UE).

Exemples d'application des critères retenus

Cas n° 1 : Une chaîne d'hôtels et de centres d'hébergement touristique en Tanzanie offre des forfaits sur son site internet, disponible en anglais, en allemand, en français et en espagnol. La société ne possède pas de bureau, de représentation ou d'installation stable sur le territoire de l'UE. Dans le cas présent, en l'absence de représentation ou d'installation stable de la chaîne d'hôtels et de centre d'hébergement touristique sur le territoire de l'UE, aucune entité liée à ce responsable du traitement en Tanzanie ne peut être considérée comme un établissement sur le territoire de l'UE au sens du RGPD. Par conséquent, le traitement en question ne peut être soumis aux dispositions du RGPD, en application de l'article 3§1.Toutefois, il convient d'examiner en pratique si le traitement effectué par ce responsable du traitement établi en dehors de l'UE peut être soumis au RGPD, en application de l'article 3, paragraphe 2.

Cas n°2 : Une banque établie à la station balnéaire de Saly située au Sénégal compte des clients de nationalité française qui résident à Saly. La banque n'est active qu'à Saly ; ses activités ne s'adressent pas au marché de l'Union. Le traitement par la banque des données à caractère personnel de ses clients français n'est pas soumis aux dispositions du RGPD.

Cas n°3 : Une entreprise équato- guinéenne de vente au détail conclut un contrat avec un sous-traitant établi en Espagne afin de procéder au traitement des données à caractère personnel relatif à ses clients. L'offre d'un service de traitement dans ce contexte ne peut pas être considérée comme une offre de service aux personnes concernées dans l'UE. L'entreprise équato- guinéenne offre et oriente ses services exclusivement vers le marché équato- guinéen et son traitement concerne exclusivement les personnes concernées situées en dehors de l'UE. En l'espèce, l'entreprise équato- guinéenne ne cible pas les personnes situées sur le territoire de l'Union en leur offrant des biens ou des services. De même, elle ne suit pas le comportement des personnes sur le territoire de l'Union. Par conséquent, le traitement effectué par le responsable du traitement, qui est établi en dehors de l'Union, n'est pas soumis aux dispositions du RGPD en application de l'article 3, paragraphe 2. Les dispositions du RGPD ne s'appliquent pas au responsable du traitement en vertu de l'article 3, paragraphe 1, car ce dernier ne traite pas des données à caractère personnel dans le cadre des activités d'un établissement sur le territoire de l'Union. Le sous-traitant est établi en Espagne et, par conséquent, son traitement relève du champ d'application du RGPD en vertu de l'article 3, paragraphe 1. Il sera tenu de se conformer aux obligations qui lui incombent en vertu du règlement pour tout traitement effectué dans le cadre de ses activités.

Exemples d'application des critères retenus (suite)

Cas n°4 : Une société pharmaceutique dont le siège social est situé à Milan effectue toutes ses activités de traitement des données à caractère personnel relatives à ses données d'essais cliniques dans sa filiale basée à Addis-Abeba en Éthiopie. Alors que les activités de traitement ont lieu à Addis-Abeba, ce traitement est effectué dans le cadre des activités de la société pharmaceutique à Milan, c'est-à-dire d'un responsable du traitement établi sur le territoire de l'Union. Par conséquent, les dispositions du RGPD s'appliquent à ce traitement, conformément à l'article 3 paragraphe 1.

Cas n°5 : Un site internet basé et géré au Maroc, offre des services de création, d'édition, d'impression et d'expédition d'albums de photos de famille personnalisés. Le site internet est disponible en anglais, en français, en portugais et en allemand et les paiements peuvent être effectués en euros ou en livres sterling. Le site indique que les albums de photos ne peuvent être livrés par la poste qu'en France, au Portugal et en Allemagne. Le traitement des données client effectué au moyen du site internet est donc soumis au RGPD, en application de son article 3§2, point a), le responsable du traitement doit désigner un représentant dans l'Union. Le représentant doit être établi dans l'un des États membres où le service offert est disponible, dans ce cas en France, au Portugal ou en Allemagne. Le nom et les coordonnées du responsable du traitement et de son représentant dans l'Union doivent faire partie des informations accessibles en ligne aux personnes concernées lorsqu'elles commencent à utiliser le service en créant leurs albums photos.

Cas n°6 : Un paquebot de croisière chypriote voyageant dans les eaux internationales traite les données des clients à bord dans le but d'adapter l'offre de divertissement en croisière. Bien que le paquebot navigue en dehors de l'Union, dans les eaux internationales, le fait qu'il batte pavillon chypriote signifie qu'en vertu du droit international public, le RGPD est applicable à son traitement des données à caractère personnel, conformément à l'article 3, paragraphe 3.

Cas n°7 : Une entreprise congolaise recrute sur place des travailleurs saisonniers occupant un emploi de trois mois sur le territoire Belge. L'ensemble des traitements de données à caractère personnel bien que réalisé au Congo sont soumis aux dispositions du RGPD en application de l'article 3 du fait de la présence de ces travailleurs sur le territoire européen.

Au regard des critères abordés ainsi que des exemples précités, l'application du RGPD pourra dans certains cas concerner des entités non européennes et en l'occurrence des entreprises africaines. Dès lors, toutes les obligations qui en découlent devront être scrupuleusement respectées.

2. Les conséquences de l'applicabilité du RGPD aux entités non-européennes

Au regard des critères posés par le RGPD, toute entité non-européenne et notamment africaine relevant de ce champ d'application territorial élargi du RGPD devra se conformer aux obligations imposées par ce règlement, comme le ferait une entité européenne.

Pour permettre aux entreprises non européennes concernées de se mettre en conformité avec les nouvelles obligations découlant de ce règlement, il est nécessaire qu'elles mettent en œuvre un programme adapté de mise en conformité aux obligations du RGPD.

À cet égard, comme le souligne Julie Dubern dans son étude[75], il est nécessaire de « *réaliser un état des lieux de la conformité actuelle, afin d'identifier les écarts avec les obligations attendues. De cette analyse d'écarts, on en déduit un certain nombre d'actions de conformité à mettre en œuvre, formalisées au travers de la réalisation d'un plan d'action détaillé et priorisé. C'est sur la base de ce plan d'action qu'intervient enfin la phase de déploiement/mise en œuvre effective, au sein de l'entité, de ces actions de*

---

[75]Dubern (J.), « *L'application du RGPD aux entités non européennes* », Revue Lamy droit des affaires, n° 152, 1er octobre 2019,

remédiation. Ces actions s'articulent notamment autour de la rédaction/ mise à jour du registre des traitements de données, la rédaction/ revue des mentions d'information à destination des personnes concernées, la rédaction / revue de la procédure de gestion des violations de données personnelles ou de la procédure de gestion des droits des personnes concernées, l'identification des transferts de données personnelles et la mise en œuvre de mécanismes appropriés pour couvrir ces transferts (conclusion de clauses contractuelles types par la Commission européenne[76] *, mise en œuvre de règles d'entreprise contraignantes (BCR)*[77]*, etc.) ».*

Le RGPD impose ainsi aux entreprises une démarche active en matière de protection des données, en les contraignant notamment à recenser les différentes catégories de données personnelles dont elles disposent, à justifier de l'utilité de la détention de ces données et à limiter leur conservation dans le temps.

En raison de l'étendue des mesures protectrices imposées par le RGPD, ces nouvelles obligations ne se limitent pas aux relations internes des entreprises et rendent nécessaire la revue des relations que peuvent entretenir les entreprises avec leurs sous-traitants amenés à détenir des données personnelles pour le compte du donneur d'ordre. Il est impératif que le sous-traitant identifie l'ensemble de ses sous-traitants afin de pouvoir leur répercuter leurs nouvelles obligations.

---

[76] RGPD, art. 48.
[77] RGPD, art. 47.

Trois actions sont essentielles[78] et reposent désormais sur le sous-traitant :

1. Il est tenu de respecter les obligations spécifiques en matière de sécurité et de confidentialité ainsi qu'en matière d'Accountability ;

2. Il est notamment tenu d'une obligation de conseil auprès du responsable de traitement pour la conformité à certaines obligations du règlement (PIA, failles, sécurité, destruction des données, contribution aux audits) ;

3. Il doit tenir un registre et doit désigner un DPO dans les mêmes conditions qu'un responsable de traitement.

En outre, un sous-traitant ne peut recruter un autre sous-traitant sans un accord écrit, spécifique et préalable du responsable de traitement afin de permettre à celui-ci d'émettre des objections à l'égard de ces changements (art. 28 §2 RGPD). Le sous-traitant doit être lié au responsable du traitement par contrat ou acte juridique au titre du droit de l'UE ou du droit d'un État membre (art. 28 §3 RGPD). Le contrat liant le responsable de traitement au sous-traitant doit donc comporter un certain nombre de garanties prévues par les dispositions européennes.

Le sous-traitant, qu'il soit situé ou non dans l'UE, est désormais responsable « *s'il n'a pas respecté les obligations prévues par le présent règlement qui incombent spécifiquement aux sous-traitants ou qu'il a agi en dehors*

[78] QUEMENER(M.), « Le droit face à la disruption numérique », éditions Gualino,2018, p.238.

des instructions licites du responsable du traitement ou contrairement à celles-ci ».

À cet égard, une entreprise sous-traitante peut tout de même appliquer un Code de bonne conduite ou recourir à un mécanisme de certification pour démontrer l'existence de garanties suffisantes en la matière.

Par ailleurs, dans l'hypothèse d'un transfert de données à caractère personnel hors UE vers un pays tiers ou une organisation internationale, le responsable de traitement ou le sous-traitant doivent mettre en œuvre le cas échéant des garanties appropriées.

Section 2 : Les outils d'encadrement des transferts de données : les Binding Corporates Rules, les Clauses Contractuelles Type et les Codes de conduite

Il existe différents outils organisant le transfert des données personnelles hors UE, il s'agit des Clauses Contractuelles type (1), des Binding Corporates Rules (2), mais aussi des Codes de conduite (3). À l'heure de la globalisation des échanges, les services digitaux mettant en œuvre des traitements automatisés impliquant des données personnelles sont de plus en plus délocalisés hors UE. Ainsi, l'*offshoring* de données, le *Cloud Computing* et le recours aux activités de sous-traitant situés à l'étranger mettent en évidence la question de l'encadrement des transferts de données transfrontaliers.

S'agissant des textes communautaires africains, l'article 10 de la Convention de l'UA mentionne que les demandes d'avis, les déclarations et les demandes d'autorisations doivent préciser, *« les transferts de données à caractère personnel envisagés à destination d'un pays tiers non-membre de l'Union africaine, sous réserve de réciprocité"*.

Dans le même sillage, l'article 36 de l'Acte additionnel *A/SA.1/01/10* relatif à la protection des données à caractère personnel au niveau de l'espace CEDEAO stipule que :

"le Responsable de traitement ne peut transférer des données à caractère personnel vers un pays non-membre de la CEDEAO que si cet état assure un niveau de protection suffisant de la vie privée, des libertés et droits fondamentaux des personnes à l'égard du traitement dont ces données font ou peuvent être l'objet". Ainsi, en

application de la disposition précitée, le responsable de traitement, avant transfert, doit préalablement en informer l'autorité de contrôle.

L'encadrement des flux de données personnelles par les instruments régionaux a trouvé un écho dans les textes nationaux des pays membres. C'est le cas notamment de la Côte d'Ivoire dans l'article 26 de sa loi de 2013, du Bénin dans les articles 391 et suivants du Code numérique et plus récemment de la Guinée dans l'article 28 de sa loi de 2016.

Au niveau de l'UE, les directives européennes de 2004 interdisaient par principe les transferts de données personnelles. La notion de transfert de données à caractère personnel en dehors de l'UE est très large, et recouvre toute opération sur les données, faite à partir du territoire d'un État non-membre de l'UE, y compris une simple consultation, même dans le cadre professionnel. En principe, le responsable de traitement ou le sous-traitant ne peut et ne doit transférer de données à caractère personnel vers un pays non-membre de l'UE, de niveau de protection des données et de méthodes de contrôles qui peuvent ne pas être conformes aux exigences du RGPD. En revanche, le règlement prévoit que lorsque les données sont transférées hors UE, un niveau de protection équivalent des données personnelles doit obligatoirement être assuré. À ce titre, le règlement affirme par ailleurs expressément **qu'un transfert hors UE ne peut être imposé par les lois et règlements d'un pays tiers à l'UE.**

Actuellement, selon les critères de la Commission de l'UE, il y a environ 49 pays adéquats[79] sur 210, dont 37 sur 53 en Europe, 0 sur 55 en Afrique, 1 sur 23 en Amérique du Nord (étant précisé qu'avec l'invalidation du Privacy Shield, les États Unis ne bénéficient plus d'une adéquation), 2 sur 15 en Amérique du Sud, 2 sur 47 en Asie, 1 sur 15 en Océanie.

Quant au potentiel du marché des données à caractère personnel, sur la totalité de la population mondiale, l'Asie pèserait 59,7 %, l'Afrique 16,6 %, l'Europe 9,8 %, l'Amérique latine et les Caraïbes 8,6 %, les États-Unis et le Canada 4,8 %, l'Océanie 0,5 %, et l'Antarctique 0,0 % environ[80].

Afin d'encourager la libre circulation des données hors UE, le RGPD institue des mécanismes juridiques tels que les Clauses Contractuelles Type, les Binding Corporates Rules, les certifications et Codes de conduite (article 40, 42 et 47).

---

[79] Un pays est reconnu adéquat à la suite d'une décision de la Commission européenne établissant qu'un pays tiers, par l'intermédiaire de sa législation interne ou de ses engagements internationaux, offre un niveau de protection des données à caractère comparable à celui garanti dans l'UE.

[80] Https : //www.village-justice.com/articles/transfert-donnes-caractere-personnel-hors-union-europenne-quelle-apporche-30.843- html.

1. Les Clauses Contractuelles Type

Les Clauses Contractuelles Type dites CCT[81] sont des modèles de clauses contractuelles adoptées par la Commission européenne et permettant d'encadrer les transferts de données personnelles effectués par des responsables de traitement vers des destinataires hors de l'Union européenne. Elles ont pour but de faciliter la tâche des responsables de traitement dans la mise en œuvre de contrats de transfert. Si les parties reprennent à l'identique les CCT, celles-ci ne nécessitent pas un contrôle supplémentaire de l'autorité de contrôle. En revanche, tout changement substantiel des modèles de CCT nécessitera le contrôle préalable d'une autorité de contrôle.

La Commission européenne travaille également sur une nouvelle version des Clauses Contractuelles Types, accessible sur son site internet[82].

Ces nouvelles Clauses Contractuelles Types contiennent des « modules » permettant d'adapter le contenu des clauses au type de transfert envisagé : de responsable à responsable, de responsable à sous-traitant, de sous-traitant à sous-traitant ou de sous-traitant à responsable[83] . Il est à noter que le recours à ces CCT s'est accentué pour les importateurs de données personnelles à destination des USA.

---

[81]https://www.cnil.fr/sites/default/files/typo/document/CCT.pdf.

[82] Voir sur ce point : https://ec.europa.eu/info/law/better-regulation/have-your-say/initiatives/12741-Commission-Implementing-Decision-on-standard-contractual-clauses-for-the-transfer-of-personal-data-to-third-countries

[83]. Malafosse (J.B), « Les transferts hors de l'UE : les recommandations du CEPD », consulté le 16/11/2020 sur https://www.delsolavocats.com/Transferts-hors-de-l-UE-les-recommandations-du-CEPD

À cet égard, depuis l'arrêt Schrems II du 16 juillet 2020 rendu par la Cour de Justice de l'Union européenne (« CJUE », n° C-311/18) a considéré que l'extraterritorialité du droit américain était incompatible avec le RGPD et invalidait *de facto* le *Privacy Shield* qui jusqu'alors permettaient aux entreprises américaines de bénéficier d'une adéquation. Ainsi pour pallier d'éventuelles situations de non-conformité, le recours aux Clauses Contractuelles Types de la Commission européenne permet entre autres le transfert de données vers des pays situés en dehors de l'Espace économique européen, comme c'est le cas des USA.

La validité de ces CCT suppose que les personnes concernées disposent de droits opposables et de recours effectifs et que ces clauses puissent, compte tenu de la législation du pays de l'importateur, être respectées par ce dernier.

L'évaluation des législations étrangères devient donc un chantier auquel collaboreront les autorités européennes et les organisations qui réalisent des transferts à l'étranger.

En soumettant directement les organisations étrangères aux pouvoirs des autorités européennes compétentes et aux droits des personnes concernées, sous la responsabilité de l'exportateur européen, ces nouvelles CCT deviennent un instrument privilégié pour l'extra-territorialisation du droit européen et des pratiques européennes en matière de protection des données[84].

---

[84]Krowici (R.), « Les nouvelles clauses contractuelles types-le RGPD vers l'infini et au-delà », consulté le 12/12/2020 sur https://www.tnpconsultants.com/fr/blog/projet-de-nouvelles-clauses-contractuelles-types-le-rgpd-vers-linfini-et-au-dela

Il existe un autre outil de transfert des données hors UE au sein d'un même groupe d'entreprises, il s'agit des Binding Corporates Rules.

2. Les Binding Corporates Rules

Contrairement aux CCT, les règles d'entreprises contraignantes sont des outils d'encadrement (communément appelées BCR ou REC) permettant à des groupes d'entreprises d'encadrer juridiquement leurs transferts de données hors UE, tout en leur offrant la possibilité d'engager une démarche de mise en conformité globale à l'échelle de tout le groupe.

Les BCR ne sont pas neuves, elles ont été mises en place sur base de l'article 26, § 2 de la directive 95/46 du 24 octobre 1995. Si les BCR ou REC existent depuis plus de 10 ans, leur reconnaissance explicite dans le Règlement général constitue cependant une nouveauté. Par ailleurs, la procédure d'adoption de tels instruments doit être scrupuleusement respectée afin d'être reconnue par les autres autorités des États membres concernés.

Le règlement offre ainsi une sécurité juridique renforcée puisqu'il apporte un socle juridique aux règles d'entreprise contraignantes[85].

Les BCR « responsable de traitement » permettent d'encadrer les transferts effectués au sein d'un groupe agissant en qualité de responsable de traitement. Dans le

---

[85] Article sur les BCR ou la responsabilisation des entreprises dans la privacy, publié dans Lexing Avocats-Belgique et accessible https://lexing.be/les-regles-dentreprise-contraignantes-ou-comment-responsabiliser-les-entreprises-dans-la-protection-des-donnees/

cadre des BCR « responsable de traitement », certaines entités du groupe peuvent intervenir comme sous-traitants d'autres entités du groupe (G29, document de travail WP 256 rev. 01 du 6 févr. 2018 et WP264 rev. 01 du 11 avr. 2018). Lorsque les entités d'un même groupe interviennent comme sous-traitants pour le compte d'un client, les transferts entre le client et ces entités relèvent des BCR « sous-traitant » ou d'autres mécanismes de transfert. Les transferts couverts par les BCR « responsable de traitement » ne couvrent que ceux effectués par un responsable de traitement du groupe vers son sous-traitant appartenant au même groupe.

S'agissant des BCR « sous-traitant », elles permettent de créer une sphère de sécurité pour les transferts effectués lorsque le groupe agit en qualité de sous-traitant (G29, document de travail WP257 rev. 01 du 6 févr. 2018 et recommandations du WP 265 du 11 avril 2018).[86]

Un groupe peut opter pour l'un ou l'autre de ces types de BCR, selon les activités qu'il souhaite encadrer. Dans toutes ces situations, l'obtention des autorisations administratives[87] imposées par le droit local n'est plus requise. Toutefois, cela n'exonère pas l'entité en question de ses obligations déclaratives au niveau de l'autorité de contrôle local.

---

[86]Naftalski (F.) dans Fiche pratique : Bindings Corporate Rules (BCR) Dalloz avocats, mise à jour le 23/11/2020.

[87]*Ibid.*, Toutefois, la Commission européenne a en effet indiqué dans une communication publique du 9 janvier 2018 que « les transferts basés sur des clauses standard approuvées par la Commission ou des BCR ne seraient pas soumis à une autorisation complémentaire d'une autorité de protection des données ».
C'est également ce qui ressort de l'article 46, § 2, b) du RGPD.

Un groupe d'entreprises peut soumettre à l'approbation d'une autorité de contrôle compétente un projet de BCR à condition que ces règles :

- Soient juridiquement contraignantes ;

- Soient mises en application par toutes les entités concernées du groupe d'entreprises ;

- Confèrent expressément aux personnes concernées des droits sur le traitement de leurs données personnelles ;

- Répondent aux exigences prévues par le RGPD[88].

Par ailleurs, concernant la procédure d'adoption des BCR, il est prévu la désignation d'une « autorité-chef de file » située dans l'État membre de l'établissement principal du groupe (en pratique généralement le siège) comme unique contact de ce groupe, évitant ainsi la multiplication des interlocuteurs. Ainsi, le RGPD a introduit une étape supplémentaire dans la procédure d'adoption des BCR : il s'agit de la soumission du projet à l'avis du CEPD.

La « reconnaissance mutuelle » qui permettait de reconnaître que l'instruction menée par une autorité de contrôle valait pour plusieurs autorités dans l'approbation d'un BCR n'est pas reprise par le texte européen. Après le recueil de l'avis du CEPD, ils sont soumis à l'approbation de l'autorité de contrôle. Les délais d'instruction des BCR varient de 12 à 16 mois en moyenne, ce délai se justifie par la portée du BCR et la nécessité d'apporter au demandeur le maximum de sécurité juridique à l'échelle européenne.

[88] RGPD, art. 47

3. Les Codes de conduite

Le Code de bonne conduite tel que visé par le RGPD est un outil juridiquement contraignant. Il s'impose à ceux qui y adhèrent. Il oblige les adhérents d'une part, à se conformer aux règles écrites du Code et d'autre part, à accepter qu'un organisme tiers contrôle sa bonne application à l'exception des Codes de conduite concernant les organismes publics. L'adoption de Code de conduite en matière de protection des données permet aux entités de satisfaire aux obligations de transfert de données personnelles hors UE. Comme abordé précédemment dans le chapitre IV, au travers de l'article 40, les autorités européennes encouragent la mise en place de ces Codes destinés à contribuer à la bonne application du règlement. Cette approche sectorielle, compte tenu des traitements dans certains secteurs visés et des besoins spécifiques des PME, est une nouveauté du texte européen. Ces Codes pourraient être approuvés par une autorité de contrôle dans un large éventail de domaines et leur application contribuera à aider les responsables de traitement et les sous-traitants à prouver leur conformité aux obligations prévues par le RGPD.

Le schéma suivant montre les différents mécanismes permettant de procéder à des transferts hors UE de sorte que l'autorisation préalable donnée par une autorité de contrôle européenne reste exceptionnelle.

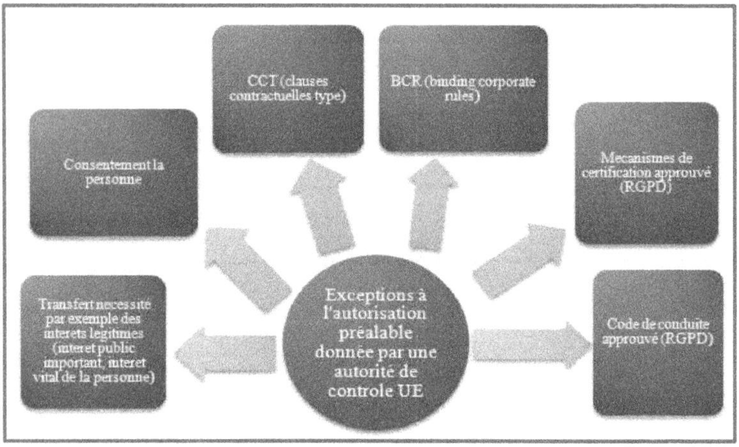

Figure 9 : les mécanismes de transfert de données hors UE

Par ailleurs, le RGPD a étendu aux entreprises sous-traitantes situées hors de l'Union européenne et dans un territoire non adéquat, mais opérant dans le secteur de *l'offshoring*, une partie des obligations réservées auparavant aux uniques responsables de traitement installés sur le territoire européen.

Avec le RGPD, le sous-traitant est donc pleinement responsable. Le responsable de traitement doit s'assurer que les mesures techniques et organisationnelles ont été prises par le sous-traitant pour garantir la protection et la confidentialité des données traitées et que seules les personnes habilitées peuvent accéder aux données.

Conclusion

Le choix fait par l'Union européenne de réformer le cadre juridique de la protection des données à caractère personnel n'est pas neutre. L'objectif est de définir une politique globale cohérente et harmonisée à l'égard du droit de la protection des données personnelles.

Cet impératif se couple avec l'exigence de sécurité des réseaux et de l'information dans l'Union européenne.

Cela implique une adaptation permanente des acteurs économiques, ainsi qu'une mise en conformité indispensable pour prévenir les failles de sécurité.

Les entreprises doivent davantage intégrer ces règles de protection des données personnelles à la culture de l'entreprise, non plus seulement pour en faire un avantage concurrentiel, mais aussi pour éviter d'engager leur responsabilité et s'exposer à des sanctions.

Il nous paraît indispensable que l'entreprise compose avec le nouveau rôle qui est le sien, ce qui implique une gestion des risques tant internes qu'externes à l'entreprise en matière de protection des données personnelles.

Le règlement européen sur la protection des données, adopté le 27 avril 2016, dont les dispositions sont entrées en application le 25 mai 2018, a profondément modifié les règles applicables à l'environnement digital des entreprises.

Nous avons pu voir que si les entreprises européennes sont concernées au premier plan, les entreprises africaines sont naturellement impactées dans le cadre d'une sous-traitance ou de flux transfrontaliers de données en général.

Ces entreprises doivent très vite prendre la mesure de ce texte fondamental qui consacre de nouveaux concepts et leur impose de bouleverser leurs pratiques et de repenser leur politique de conformité à la réglementation *informatique et libertés*, sous peine de se voir exposer à des risques d'atteinte à leur réputation et à des condamnations civiles et pénales.

Désormais, les consommateurs européens concernés par d'éventuelles violations de leurs données personnelles peuvent obtenir la réparation des dommages matériels et moraux par un recours collectif des victimes dans le périmètre spécifique de la protection des données. Ce qui implique pour les entreprises africaines s'adressant aux consommateurs européens, outre le fait de devoir respecter leurs lois nationales, mais de respecter certaines obligations issues du texte européen. Au demeurant, la gestion optimale des données personnelles de consommateurs européens pourrait dans ce cas donner lieu à une "sorte de double conformité" voire de coexistence entre les règlementations locales africaines et européennes au risque d'entrer en conflit. Quand bien même un conflit de lois surgirait, le besoin de protéger les droits et libertés des personnes concernées par les traitements doit primer sur toute autre considération. Tout de même, il faut admettre que l'application des règles de la protection montre qu'à peu près ce sont les mêmes principes directeurs qui sont appliqués aux traitements. Toutefois, ce sont les règles procédurales de mise en œuvre de ces principes légaux qui divergent selon les systèmes juridiques.

Bien qu'il s'agisse d'une réglementation européenne et surtout d'application étendue, les entreprises établies hors d'Europe doivent s'y conformer pour pouvoir offrir leurs services dans l'Union. Le RGPD est donc susceptible de s'appliquer à tout organisme traitant des données personnelles de résidents européens dans le cadre de son activité ou pour le compte d'un tiers indépendamment du pays d'implantation, de sa taille et de son activité. À l'inverse, une entreprise établie en France qui exporte des produits vers l'Afrique et à destination de citoyens africains doit se conformer au RGPD.

Même si l'on peut être critique sur son ambition extraterritoriale, il faut reconnaître comme l'affirment certains auteurs que le RGPD, est un véritable outil de *Softlaw* pour l'Europe du numérique pour les éditeurs non européens[89]. Il incite à mettre en place une politique globale de protection des données en entreprise en supprimant les formalités préalables moyennant un renforcement des obligations du responsable de traitement. À cela, s'ajoute l'obligation de notifier sous 72 heures la violation de données au régulateur. De plus, le RGPD corrige le déséquilibre entre le responsable de traitement et le sous-traitant en conférant une responsabilité autonome à ce dernier même établi hors UE. Il intègre également le Privacy by Design dès la conception des produits ou traitements et impose la tenue de registres aussi bien pour le responsable que le sous-traitant. Le règlement renforce les droits classiques des citoyens tout en créant de nouveaux droits, notamment la portabilité et le déréférencement.

Il est à noter que la notion d'Accountability, fil conducteur du RGPD, est complétée par une évaluation anticipée des

---

[89]Banck (A.) & Rahmouni (D.) « le RGPD, nouvel outil de soft Law pour l'Europe dans le numérique, Revue Lamyline-Droit immatériel– n°151,2018;

risques avec la mise en place obligatoire de l'analyse d'impact pour certains traitements à risque.

Les sanctions pécuniaires ont été revues à la hausse pouvant atteindre 4% du chiffre d'affaires mondial de l'entreprise ou 20 millions d'euros. Il est donc fondamental que toutes les entreprises voulant prester à destination des résidents européens se conforment aux obligations précitées.

Sur le plan économique, les transferts de données de résidents européens vers les pays tiers, à l'instar des pays africains, doivent nécessairement être encadrés par des instruments spécifiques tels les BCR, Codes de conduite, de Clauses contractuelles type ou des certifications tendant à assurer une bonne politique de gestion des données personnelles. Il est donc primordial que ces entreprises se mettent à niveau pour être attrayantes. Le RGPD est une réponse visant à restaurer la confiance des individus face à la prolifération des technologies numériques collectant massivement les données personnelles. Il va contribuer à bouleverser la pratique des entreprises en matière de collecte et d'utilisation des données personnelles.

Le RGPD, texte européen de modernisation du droit de la protection des données personnelles, qui avait besoin d'un urgent toilettage pour tenir compte du développement d'internet, des réseaux sociaux et des technologies avancées. Aujourd'hui avec la généralisation des algorithmes reposant sur l'analyse automatisée des données personnelles, de nouveaux moyens de collecte des données sont apparus et les lois africaines actuelles paraissent insuffisantes pour les encadrer. Le règlement européen a le mérite d'incorporer dans le dispositif d'encadrement des données des concepts axés sur la méthodologie tels le Privacy by Design /by Default ainsi que l'analyse de risque (PIA) permettant, a *minima,* d'anticiper les nouveaux usages du numérique en termes de sécurité et de confidentialité.

Pour la plupart des pays africains, il est donc impératif que leurs cadres législatifs actuels se modernisent afin de répondre au mieux au besoin d'encadrement qu'imposent ces traitements de données à caractère personnel issus de ces innovations nouvelles. Or, force est de constater que les dispositifs actuels s'ils existent n'ont pas été retouchés substantiellement par les législateurs et mériteraient d'être modifiés au gré de ces avancées technologiques. De la même manière, la réglementation supranationale, à savoir l'Acte additionnel de la CEDEAO et la Convention de Malabo, auraient également besoin d'être actualisés et les lois-cadres régionales en la matière doivent être transposées afin de faciliter l'intégration des pays concernés au marché commun africain.

Il est à noter que le RGPD a inspiré certains législateurs du monde. Outre atlantique, la Californie dans sa *loi Consumer California Protection Act*, applicable depuis le 1er janvier 2020, s'est inspirée du RGPD. D'une part, elle prévoit le consentement requis lors de la vente des données clients et, d'autre part, le renforcement des droits des consommateurs (portabilité, droit d'accès, droit d'effacement, droit *Opt out* en cas de vente de données) dans un contexte où le *Privacy Shield* est invalidé par la CJUE du fait du caractère extraterritorial des lois américaines.

Dans le même sillage que le RGPD, au Brésil, la *Lei Geral de Proteçao Dados pessoais*[90] applicable depuis le 15 août 2020, de portée extraterritoriale (s'applique aux entreprises

[90] https://blogrisqueetsecurite.beijaflore.com/2019/10/11/emergence-data-privacy-usa-bresil/

qui traitent les données personnelles des utilisateurs résidant au Brésil, peu importe le lieu de domiciliation de l'entreprise), impose l'analyse d'impact pour certains traitements, la tenue de registre ainsi que la notification des violations de données à l'autorité de contrôle et aux personnes concernées. Autant de points qui en font une sorte de mini-RGPD.

Il faut rappeler que lors de la procédure d'adoption de ce règlement, à Bruxelles, se sont affrontés les différents blocs géographiques (en l'absence des décideurs africains...), l'importance des enjeux stratégiques pouvant se mesurer aux 3000 amendements déposés sur le projet de règlement, de même que par le déploiement par une armée de lobbys[91].Ce qui confirme les enjeux géostratégiques liés à la régulation des données à caractère personnel dans le monde.

Par ailleurs, l'encadrement du marché unique numérique européen en matière de données n'est pas seulement régi par le RGPD, il faudra l'articuler avec :

- La directive 2002/58/CE 12 juillet 2002, (mod. dir. 2009/136/CE, 25 novembre 2009) ePrivacy « *vie privée et communications électroniques* » du Parlement européen applicable notamment en matière de cookies et autres traceurs. Ce dispositif législatif fait entrer dans son champ d'application *la fourniture et l'utilisation de services de communication électronique à destination des utilisateurs finaux européens*. En l'occurrence, les OTT [92]tels *WhatsApp, Facebook Messenger, Skype, Netflix*… sont visés et les règles de

[91] Avant-propos de la présidente de la Cnil, rapport d'activités Cnil, 2012

[92] En anglais over-the-top service ou OTT, est un service de livraison d'audio, de vidéo et d'autres média sur Internet sans la participation d'un

protection des informations liées au terminal de l'utilisateur final s'appliquent, peu importe le lieu d'établissement du fournisseur, dès lors que ces utilisateurs sont situés dans l'Union européenne[93] ;

- La réglementation sur les données non personnelles[94] de décembre 2017 visant à favoriser la mobilité de données non personnelles en supprimant les règles nationales imposant des exigences de localisation des données ;

- Enfin, la directive 2016/680 dénommée « Police-Justice », qui est une réglementation jumelle au RGPD s'appliquant *aux traitements de données réalisés par les autorités compétentes au sein des pays membres en matière de détection et de prévention d'infractions pénales, d'enquêtes et de poursuites ou d'exécution de sanctions pénales* y compris la protection contre les menaces pour la sécurité publique et la prévention de telles menaces. À cet égard, elle reprend les grands principes du RGPD tels que la licéité et la loyauté de la collecte tout comme la finalité déterminée, adéquate, la durée de conservation limitée et le respect des droits des personnes.

Il est donc important de noter que toutes ces réglementations concourent à affirmer que la protection des données personnelles est un droit fondamental et en ce sens

---

opérateur de réseau traditionnel. En français, on parlera de services par contournement

[93] Lecompte (F.), « Nouvelle donne pour les données - Le RGPD en quelques principes pour être prêt le 25 mai 2018 », éditions Fauves, 2018, p.246.

[94] https://eur-lex.europa.eu/legal-content/FR/TXT/PDF/?uri=CELEX:32018R1807&from=El)

elle doit être conciliée avec l'objectif de libre circulation des données.

Redonner le contrôle de leurs données aux individus en imposant une transparence générale sur les traitements et les violations de données est un défi majeur que beaucoup d'entreprises doivent relever. Les géants du web, à l'instar de Google, premier des GAFAM sanctionné sous l'ère du RGPD en France, doivent changer leur méthode de collecte, d'utilisation et de partage des données de tous les citoyens, quelle que soit leur localisation.

En somme, il est pressant que l'Afrique se dote d'un *Corpus de Règles Numériques* plus contraignantes pour protéger ses citoyens et offrir un cadre vertueux pour l'exploitation de leurs données personnelles. Il convient donc pour le législateur africain de s'inspirer des réussites législatives étrangères sans toutefois s'éloigner des réalités socio-économiques.

Pour se faire, d'ores et déjà, il faut que les autorités de protection africaines accentuent leur coopération ; en édictant par exemple des normes communes à l'échelle africaine tout en veillant à y inclure dès la phase d'élaboration, les entreprises, les acteurs du marché numérique ainsi que les utilisateurs et praticiens de la matière. Dans une logique de corégulation, les autorités de protection doivent s'appuyer sur les relais informatique et libertés à créer au niveau des organisations, tels les *correspondants Informatique et Libertés* et les délégués à la protection des données, afin de diffuser la culture *informatique et libertés* au sein des entreprises et organismes.

L'enjeu pour les entreprises africaines est d'internaliser les règles de bonne gestion des données personnelles, afin d'être davantage performantes et compétitives sur le plan international. À cet effet, il est opportun d'implémenter la *Compliance* en tant que système de management au sein des entreprises devant s'intercaler entre l'obligation procédurale et le risque de sanction.

Au-delà des textes, il est également impératif que les entreprises adoptent des pratiques claires et transparentes, respectueuses des réglementations, afin de susciter davantage de confiance. Ce qui pourrait conduire à des décisions d'adéquation entre nos pays et l'Union européenne, sans passer à chaque transfert par l'aval de la Commission européenne ou d'une autorité de protection des données-chef de file.

Il serait également opportun de prévoir des codes de conduite sectoriels, assortis de l'engagement contraignant et exécutoire pris par le responsable de traitement ou le sous-traitant dans le pays tiers d'appliquer les garanties appropriées, y compris en ce qui concerne les droits des personnes concernées. À ce titre, le Réseau africain des autorités de protection des données personnelles (RAPDP) qui a été créé à Ouagadougou en septembre 2016, en marge du Forum africain sur la protection des données personnelles, doit jouer un rôle plus important. Il regroupe actuellement plusieurs autorités africaines de protection de la vie privée et des données personnelles, de différentes aires géographiques et linguistiques, dans le but de créer une plateforme d'échange et de coopération entre ses membres et de porter la voix du continent vis-à-vis de ses partenaires dans le monde, notamment dans la géopolitique du numérique, il faut notamment discuter des effets extraterritoriaux du RGPD dans un continent où la prise en compte de la protection des données est dans un état de développement. En outre, le rôle des autorités locales dans l'homologation des BCR européennes doit être plus affirmé et non subir les effets contrecoups de législations européennes et américaines. Par ailleurs, il existe une instance internationale, l'AFAPDP[95] dont la vocation est de promouvoir l'adoption de lois de protection des données personnelles et la mise en place d'institutions nationales de protection des données personnelles, dans le respect des besoins et traditions de chaque pays de la Francophonie. À ce titre, elle édicte des déclarations et résolutions constituant une source du droit de la protection des données.

Il pourrait être envisagé la mise en place de mécanismes de certification, assortis de l'engagement contraignant et exécutoire pris par le responsable de traitement ou le sous-traitant dans le pays tiers à l'UE d'appliquer les garanties appropriées, y compris en ce qui concerne les droits des personnes concernées. Ce qui devrait avoir pour conséquence d'augmenter considérablement les échanges en la matière, à condition d'avoir le niveau de protection requis.

Enfin, la pandémie de la Covid19 a montré l'insuffisance des législations africaines à protéger les données de santé de leurs citoyens, avec notamment une collecte disproportionnée et abusive de ces données sensibles corrélée à un manque de transparence sur la question des durées de conservation. Également, l'hébergement des données de santé dans des infrastructures robustes dans un contexte d'échange et de partage de ces données sensibles

---

[95]L'AFAPDP a été créée à Montréal en septembre 2007, en marge de la 29e Conférence internationale des commissaires à la protection des données et à la vie privée, et regroupe les autorités de protection des données personnelles des 19 États et gouvernements.

doit être mieux encadré afin de répondre aux besoins actuels des citoyens, élément central du dispositif médical. Concernant, la souveraineté numérique, il serait plus adéquat d'héberger localement les données personnelles dans des *Data Centers* plus sécurisés permettant ainsi une meilleure fluidité des accès aux données.

En définitive, la prise en compte de la question de la protection des données des entreprises dépendra à coup sûr de l'engagement des États africains qui sont eux-mêmes soumis aux mêmes obligations que les entreprises, à savoir permettre au numérique d'être au service des citoyens et non un outil utilisé au détriment des droits et libertés fondamentales.

***

Lexique

Par données à caractère personnel, il convient d'entendre : toute information relative à une personne physique identifiée ou qui peut être identifiée, directement ou indirectement, par référence à un numéro d'identification ou à un ou plusieurs éléments qui lui sont propres. Autrement dit : données à caractère personnel, toute information se rapportant à une personne physique identifiée ou identifiable (ci-après dénommée «personne concernée»); est réputée être une «personne physique identifiable» une personne physique qui peut être identifiée, directement ou indirectement, notamment par référence à un identifiant, tel qu'un nom, un numéro d'identification, des données de localisation, un identifiant en ligne, ou à un ou plusieurs éléments spécifiques propres à son identité physique, physiologique, génétique, psychique, économique, culturelle ou sociale. Pour déterminer si une personne est identifiable, il convient de considérer l'ensemble des moyens en vue de permettre son identification dont dispose ou auxquels peut avoir accès le responsable de traitement ou tout autre personne.

Traitement de données à caractère personnel : il s'agit de toute opération ou tout ensemble d'opérations portant sur de telles données, quel que soit le procédé utilisé, et notamment la collecte, l'enregistrement, l'organisation, la conservation, l'adaptation ou la modification, l'extraction, la consultation, l'utilisation, la communication par transmission, diffusion ou tout autre forme de mise à disposition, le rapprochement ou l'interconnexion, ainsi que le verrouillage, l'effacement ou la destruction. En d'autres termes, la notion de traitement recouvre toute opération ou tout ensemble d'opérations effectuées ou non à l'aide de procédés automatisés et appliqués à des données ou des ensembles de données à caractère personnel, tels que la collecte, l'enregistrement, l'organisation, la structuration, la conservation, l'adaptation ou la modification, l'extraction, la consultation, l'utilisation, la communication par transmission, la diffusion ou toute autre forme de mise à disposition, le rapprochement ou l'interconnexion, la limitation, l'effacement ou la destruction.

Le responsable de traitement : est sauf désignation expresse par les dispositions légales ou réglementaires relatives à ce traitement la personne, l'autorité publique ou privée, le service ou l'organisme qui détermine ses finalités et ses moyens.

Les données biométriques : sont les données à caractère personnel résultant d'un traitement technique spécifique, relatives aux caractéristiques physiques, physiologiques ou comportementales d'une personne physique, qui permettent ou confirment son identification unique, telles que des images faciales ou des données dactyloscopiques.

Traitement de données biométriques, il s'agit des traitements automatisés comportant des données biométriques nécessaires au contrôle de l'identité des personnes. C'est le cas par exemple des dispositifs de contrôle d'accès physique ou logique qui reposent sur la collecte de l'empreinte digitale ou des réseaux veineux du doigt.

Le sous–traitant : est un prestataire de services qui agit pour le compte du responsable de traitement et se doit d'assurer la sécurité et la confidentialité des données personnelles qui lui sont confiées par son donneur d'ordres.

La Pseudonymisation : est le traitement de données à caractère personnel permettant de changer celles-ci tout en les gardant confidentielles. Elles restent intactes et cohérentes pour pouvoir être interprétées. Dans ce cas, les données ne peuvent plus être attribuées à une personne physique sans information supplémentaire. En pratique, la pseudonymisation consiste à remplacer les données directement identifiantes (nom, prénom etc.) d'un jeu de données par des données indirectement identifiantes (alias, numéro séquentiel, etc.).

Les données anonymisées : il s'agit d'un traitement de données qui consiste à utiliser un ensemble de techniques de manière à rendre impossible, en pratique, toute identification de la personne par quelque moyen que ce soit et de manière irréversible. Lorsque des données ont été correctement anonymisées, elles ne sont plus des données à caractère personnel.

Le profilage : est toute forme de traitement automatisé de données à caractère personnel consistant à utiliser ces données à caractère personnel pour évaluer certains aspects personnels relatifs à une personne physique, notamment pour analyser ou prédire des éléments concernant le rendement au travail, la situation économique, la santé, les préférences personnelles, les intérêts, la fiabilité, le comportement, la localisation ou les déplacements de cette personne physique.

Le fichier : est tout ensemble structuré de données à caractère personnel accessibles selon des critères déterminés, que cet ensemble soit centralisé, décentralisé ou réparti de manière fonctionnelle ou géographique.

Le tiers : est une personne physique ou morale, une autorité publique, un service ou un organisme autre que la personne concernée, le responsable du traitement, le sous-traitant et les personnes qui, placées sous l'autorité directe du responsable du traitement ou du sous-traitant, sont autorisées à traiter les données à caractère personnel.

Le consentement de la personne concernée : est toute manifestation de volonté, libre, spécifique, éclairée et univoque par laquelle la personne concernée accepte, par une déclaration un acte positif clair, que des données à caractère personnel la concernant fassent l'objet d'un traitement.

La violation de données à caractère personnel : une violation de la sécurité entraînant, de manière accidentelle ou illicite, la destruction, la perte, l'altération, la divulgation non autorisée de données à caractère personnel transmises, conservées ou traitées d'une autre manière, ou l'accès non autorisé à de telles données. Concrètement, il s'agit de tout incident de sécurité, d'origine malveillante ou non et se produisant de manière intentionnelle ou non, ayant comme conséquence de compromettre l'intégrité, la confidentialité ou la disponibilité de données personnelles.

Les données sensibles : elles forment une catégorie particulière des données personnelles. Ce sont des informations qui révèlent la prétendue origine raciale ou ethnique, les opinions politiques, les convictions religieuses ou philosophiques ou l'appartenance syndicale, ainsi que le traitement des données génétiques, des données biométriques aux fins d'identifier une personne physique de manière unique, des données concernant la santé ou des données concernant la vie sexuelle ou l'orientation sexuelle d'une personne physique. Les données relatives aux condamnations pénales, aux infractions et aux mesures de sureté bénéficient de la même protection que les données sensibles.

Accountability : il désigne l'obligation pour les entreprises de mettre des mécanismes et des procédures internes permettant de démontrer le respect des règles relatives à la protection des données.

BCR : BCR signifie « Binding Corporate Rules » ou règles d'entreprise contraignantes. Ces règles internes applicables à l'ensemble des entités du groupe contiennent les principes clés permettant d'encadrer les transferts de données personnelles, de salariés ou de clients et prospects, hors de l'Union européenne. Ces BCRs sont une alternative aux Clauses Contractuelles Types adoptées par la Commission européenne. Tous ces deux mécanismes garantissent qu'une protection équivalente à celles octroyées par le RGPD s'applique aux données personnelles transférées hors Union européenne.

Droit à l'oubli numérique : c'est la possibilité offerte à chacun de maitriser ses traces numériques et sa vie privée ou publique mise en ligne. Ce droit ne doit pas toutefois être interprété comme un impératif absolu d'effacement des données. Il est, en effet, nécessaire de trouver un équilibre entre le droit à l'oubli, d'une part et la nécessité de se ménager des preuves, le devoir de mémoire et la liberté d'expression, d'autre part.

Les APD ou Autorités de Protection des Données sont des autorités administratives indépendantes, dont le rôle est de contrôler l'application des législations relatives à la protection des données. En raison de leur statut, elles ne doivent recevoir ni d'ordre ni d'instruction de la part de l'État. Leur composition est généralement collégiale. Les membres de ce collège bénéficient en outre d'un mandat irrévocable.

Le G29 : c'est l'ancêtre du Comité Européen sur la Protection des Données Personnelles (**CEPD**) consacré par le RGPD. C'est un groupe de travail rassemblant les représentants des 28 autorités des Etats membres. Elle avait pour mission de contribuer à l'élaboration des normes européennes en adoptant des recommandations, de rendre des avis sur le niveau de protection dans les pays tiers et de conseiller la Commission européenne sur tout projet ayant une incidence sur les droits et libertés des personnes physiques à l'égard des traitements de données personnelles. Avec le RGPD, ses pouvoirs sont renforcés avec comme mission générale de veiller à l'application cohérente du texte européen sur les données personnelles. Il peut notamment adopter des avis pour garantir l'application cohérente du RGPD et des décisions contraignantes pour trancher les différends entre autorités de contrôle qui lui seraient soumis.

Le Cloud Computing ou nuage informatique : est une technologie permettant de délocaliser des données n'importe où dans le monde et de bénéficier des services ou applications informatiques en ligne.

Le Big data : est un ensemble de données volumineuses traitées et analysées à des fins le plus souvent prédictives.

L'internet des objets : désigne la connexion desdits objets au réseau internet en vue de récupérer, stocker, transférer et traiter des données collectées auprès des utilisateurs ou de leur environnement.

L'algorithme : est une suite d'instructions exécutées par une machine en vue d'un résultat donné. C'est une formalisation de la solution à un problème à l'aide d'une suite d'opérations élémentaires (lecture, écriture, itération, schémas conditionnels).

L'e-santé (ou santé numérique) fait référence à « l'application des technologies de l'information et de la communication (TIC) à l'ensemble des activités en rapport avec la santé ».

La vidéosurveillance : est un système composé d'une ou de plusieurs caméras installées à l'intérieur et ou à l'extérieur d'un local, dans un espace public ou privé, pour surveiller en vue de capter des images et ou des sons.

La géolocalisation : est un système permettant de collecter des informations sur une personne ou sur un objet à l'aide de leurs coordonnées géographiques. Les réseaux sociaux : sont des technologies qui permettent de mettre en relation des personnes en fonction de leur centre d'intérêt commun ou dans le cadre professionnel.

Un « PIA » (Privacy Impact Assessment) ou étude d'impact sur la vie privée (**EIVP**), est un outil de gestion de risque à disposition du responsable de traitement ou du correspondant « Informatique et Libertés » dont l'objectif est d'analyser l'impact en termes de protection de la vie privée des personnes concernées d'un nouveau projet informatique.

Le transfert de données : Toute communication, copie ou déplacement de données personnelles ayant vocation à être traitées dans un pays tiers à l'Union européenne.

Un Pentest : Une méthode d'évaluation d'un système d'information ou d'un réseau informatique. On trouve son équivalent en français en test d'intrusion ou de forçage.

Bibliographie

BENSOUSSAN (A.), *Règlement européen sur la protection des données, textes, commentaires et orientations pratiques*, 2e éd., 2018, Larcier.

DESGENS-PASANAU (G) *: La protection des données personnelles : Le RGPD et la loi française du 20 juin 2018, 4*éd.,2019 Broché.

FERAL-SCHUHL (C.), *Le droit à l'épreuve d'internet*, 7 éd., 2018-2019, Dalloz.

FORSTER (F.), « Le data protection officer » éditions Bruylant (3è. Ed. 2019).

LO, (M.), « La protection des données à caractère personnel en Afrique », Baol éditions,2017.

QUEMENER, (M), *Le droit face à la disruption numérique,* éd., *Gualino, 2018, 360 pages.*

TOURE (P.), *Le traitement de la cybercriminalité devant le juge : L'exemple du Sénégal*, 2014, éd., L'Harmattan.

BANCK (A). & SCHULTIS (C.), *« Vadémécum de la protection des données personnelles pour le secteur bancaire et financier »*, éd., RB, 2018.

Guide RGPD réalisé par la SNJV et LexCase à destination des créateurs, développeurs et éditeurs de jeux vidéo en France, 59 pages disponibles sur le site internet www.snjv.org.

Le Kit RGPD du développeur publié par la CNIL et disponible sur *www.cnil.fr/fr/kit-developpeur*

Thèses consultées

SARR Rokhaya, Avocat à la Cour d'Appel de Paris, Auteure d'une thèse sur l'impact du RGPD sur la pratique des entreprises établies en France et au Sénégal soutenue en 2019 à l'UCAD.

DIOUF Jean Baptiste, Docteur en droit et auteur d'une thèse intitulée : La protection des données à caractère personnel : un nouveau défi de sécurité juridique soutenue en Déc. 2019 à l'UCAD.

Liste des encadrés et feuillets thématiques

Annexe : modèle de registre CNIL pour le traitement des données personnelles

Registre des activités de traitement de [Nom de l'organisme]

Coordonnées du responsable de l'organisme *(responsable de traitement ou son représentant si le responsable est situé en dehors de l'UE)*	*Ex : NOM prénom du responsable légal* *Adresse* *CP VILLE* *Téléphone* *Adresse de messagerie*
Nom et coordonnées du délégué à la protection des données *(si vous avez désigné un DPO)*	*Ex : NOM prénom du DPO* *Société (si DPO externe)* *Adresse* *CP VILLE* *Téléphone* *Adresse de messagerie*

Activités de l'organisme impliquant le traitement de données personnelles

Listez ici les activités pour lesquelles vous traitez des données personnelles.

Activités	Désignation des activités (exemples)
Activité 1	*Gestion de la paie*
Activité 2	*Gestion des prospects*
Activité 3	*Gestion des fournisseurs*
Activité 4	*Vente en ligne*
Activité 5	*Sécurisation des locaux*
Activité 6	
Activité 7	
Activité 8	
Activité 9	

Vous devrez créer et tenir à jour une fiche de registre par activité. Le modèle de fiche de registre est disponible sur la page suivante.

Fiche de registre de l'activité 1

(Reprise de l'activité 1 de la liste des activités)

Date de création de la fiche	
Date de dernière mise à jour de la fiche	
Nom du responsable conjoint du traitement *(dans le cas où la responsabilité de ce traitement de donnée est partagée avec un autre organisme)*	
Nom du logiciel ou de l'application *(si pertinent)*	

Objectifs poursuivis

Décrivez clairement l'objet du traitement de données personnelles et ses fonctionnalités.

Exemple : pour une activité « formation des personnels » : suivi des demandes de formation et des périodes de formation effectuées, organisation des sessions et évaluation des connaissances.

....

....

....

....

....

....

Catégories de personnes concernées

Listez les différents types de personnes dont vous collectez ou utilisez les données.

Exemples : salariés, usagers, clients, prospects, bénéficiaires, etc.

1. .... 2.
....
3 .... 4.
....

Catégories de données collectées

Listez les différentes données traitées

Etat-civil, identité, données d'identification, images *(nom, prénom, adresse, photographie, date et lieu de naissance, etc.)*

....

....

Vie personnelle *(habitudes de vie, situation familiale, etc.)*

....

....

Vie professionnelle *(CV, situation professionnelle, scolarité, formation, distinctions, diplômes, etc.)*

....

....

Informations d'ordre économique et financier *(revenus, situation financière, données bancaires, etc.)*

....

....

Données de connexion *(adresses IP, logs, identifiants des terminaux, identifiants de connexion, informations d'horodatage, etc.)*

....

....

Données de localisation *(déplacements, données GPS, GSM, ...)*

....
....

Internet *(cookies, traceurs, données de navigation, mesures d'audience, ...)*
....
....

Autres catégories de données *(précisez)* :
....
....

....
....

....
....

Des données sensibles sont-elles traitées ?

La collecte de certaines données, particulièrement sensibles, est strictement encadrée par le RGPD et requiert une vigilance particulière. Il s'agit des données révélant l'origine prétendument raciale ou ethnique, les opinions politiques, les convictions religieuses ou philosophiques ou l'appartenance syndicale des personnes, des données génétiques et biométriques, des données concernant la santé, la vie sexuelle ou l'orientation sexuelle des personnes, des données relatives aux condamnations pénales ou aux infractions, ainsi que du numéro d'identification national unique (NIR ou numéro de sécurité sociale).

Oui Non

Si oui, lesquelles ? :
....
....

Durées de conservation des catégories de données

Combien de temps conservez-vous ces informations ?

.... Jours
mois ans

Autre durée :

Si vous ne pouvez pas indiquer une durée chiffrée, précisez les critères utilisés pour déterminer le délai d'effacement (par exemple, 3 ans à compter de la fin de la relation contractuelle).

....

....

....

....

....

....

Si les catégories de données ne sont pas soumises aux mêmes durées de conservation, ces différentes durées doivent apparaître dans le registre.

Catégories de destinataires des données

Destinataires internes

(exemples : entité ou service, catégories de personnes habilitées, direction informatique, etc.)

1. .... 2.
....

3 .... 4.
....

Organismes externes

(Exemples : filiales, partenaires, etc.)

1. .... 2.
....

3 .... 4.
....

Sous-traitants
(Exemples : hébergeurs, prestataires et maintenance informatiques, etc.)

1. .... 2. ....

3 .... 4. ....

Transferts des données hors UE

Des données personnelles sont-elles transmises hors de l'Union européenne ?

Oui Non

Si oui, vers quel(s) pays : ....

Dans des situations particulières (transfert vers un pays tiers non couvert par une décision d'adéquation de la Commission européenne, et sans les garanties mentionnées aux articles 46 et47 du RGPD), des garanties spécifiques devront être prévues et documentées dans le registre (article 49 du RGPD). Consultez le site de la CNIL.

Mesures de sécurité

Décrivez les mesures de sécurité organisationnelles et techniques prévues pour préserver la confidentialité des données.

Le niveau de sécurité doit être adapté aux risques soulevés par le traitement. Les exemples suivants constituent des garanties de base à prévoir et peuvent devoir être complétés.

Contrôle d'accès des utilisateurs

Décrivez les mesures : ....

....
....

Mesures de traçabilité

Précisez la nature des traces *(exemple : journalisation des accès des utilisateurs),* les données enregistrées *(exemple : identifiant, date et heure de connexion, etc.)* et leur durée de conservation :

....
....
....
....

Mesures de protection des logiciels (antivirus, mises à jour et correctifs de sécurité, tests, etc.)

Décrivez les mesures :

....
....

....
....

Sauvegarde des données

Décrivez les modalités :

....
....

....
....

Chiffrement des données

Décrivez les mesures (*exemple : site accessible en https, utilisation de TLS, etc.)* :

....
....

....
....

Contrôle des sous-traitants

Décrivez les modalités :

....
....

....
....

Autres mesures :

....
....
....
....
....
....
....
....

Table des matières

Structures éditoriales du groupe L'Harmattan

L'Harmattan Italie
Via degli Artisti, 15
10124 Torino
harmattan.italia@gmail.com

L'Harmattan Hongrie
Kossuth l. u. 14-16.
1053 Budapest
harmattan@harmattan.hu

L'Harmattan Sénégal
10 VDN en face Mermoz
BP 45034 Dakar-Fann
senharmattan@gmail.com

L'Harmattan Cameroun
TSINGA/FECAFOOT
BP 11486 Yaoundé
inkoukam@gmail.com

L'Harmattan Burkina Faso
Achille Somé – tengnule@hotmail.fr

L'Harmattan Guinée
Almamya, rue KA 028 OKB Agency
BP 3470 Conakry
harmattanguinee@yahoo.fr

L'Harmattan RDC
185, avenue Nyangwe
Commune de Lingwala – Kinshasa
matangilamusadila@yahoo.fr

L'Harmattan Congo
67, boulevard Denis-Sassou-N'Guesso
BP 2874 Brazzaville
harmattan.congo@yahoo.fr

L'Harmattan Mali
ACI 2000 - Immeuble Mgr Jean Marie Cisse
Bureau 10
BP 145 Bamako-Mali
mali@harmattan.fr

L'Harmattan Togo
Djidjole – Lomé
Maison Amela
face EPP BATOME
ddamela@aol.com

L'Harmattan Côte d'Ivoire
Résidence Karl – Cité des Arts
Abidjan-Cocody
03 BP 1588 Abidjan
espace_harmattan.ci@hotmail.fr

Nos librairies en France

Librairie internationale
16, rue des Écoles
75005 Paris
librairie.internationale@harmattan.fr
01 40 46 79 11
www.librairieharmattan.com

Librairie des savoirs
21, rue des Écoles
75005 Paris
librairie.sh@harmattan.fr
01 46 34 13 71
www.librairieharmattansh.com

Librairie Le Lucernaire
53, rue Notre-Dame-des-Champs
75006 Paris
librairie@lucernaire.fr
01 42 22 67 13

www.ingramcontent.com/pod-product-compliance
Lightning Source LLC
LaVergne TN
LVHW010932051026
849532LV00003B/957
* 9 7 8 2 3 4 3 2 3 8 3 3 3 *